Deborah Rozman

Meditation für Kinder

Deborah Rozman

Meditation
für Kinder

Verlag Hermann Bauer
Freiburg im Breisgau

Die Deutsche Bibliothek – CIP-Einheitsaufnahme

Rozman, Deborah:
Meditation für Kinder / Deborah Rozman.
[Dt. von Angelika Bardeleben].
1. Aufl., 1.–5. Tsd. –
Freiburg im Breisgau : Bauer, 1991
    Einheitssacht.: Meditation for children ⟨dt.⟩
    ISBN 3-7626-0434-7

Wir danken den Kindern
Anna Hille
Lena Hille
Dorothea Jatho
Akio Neumahr

Deutsch von Angelika Bardeleben

Zeichnungen von Mary Ann Bruno
Fotos von Manfred Elsässer

Die amerikanische Originalausgabe erschien 1989 bei
Aslan Publishing, Boulder Creek, unter dem Titel
Meditation for Children.
© 1989 by Deborah Rozman

1. Auflage 1991
ISBN 3-7626-0434-7
© für die deutsche Ausgabe 1991 by
Verlag Hermann Bauer KG, Freiburg im Breisgau.
Alle Rechte der deutschen Ausgabe vorbehalten.
Umschlag: BaWo, Freiburg im Breisgau.
Satz: CSF ComputerSatz GmbH, Freiburg im Breisgau.
Druck und Bindung: Ueberreuter Buchproduktion, Korneuburg.
Printed in Austria.

Inhalt

Widmung

Ich habe mein erstes Buch *Meditating With Children: The Art of Concentration and Centering* der »Universalen Mutter des Mitgefühls« gewidmet, die »bereitwillig auf das Rufen des Kindes eingeht«. Als ich ihr schließlich begegnete, tief im Herzen des Friedens, fand ich heraus, daß diese Mutter sehr viel Warmherzigkeit und auch eine Menge Lebensfreude verströmte. Es scheint tatsächlich so, daß sie Spaß, Spiel und Glück mehr als alles andere liebt. Mit Spaß, Spiel und Glück kann unsere Seele leichter und freier wachsen. Natürlich möchte sie, daß alle ihre Kinder, groß und klein, möglichst wenig unter Spannungen und Streß zu leiden haben, so daß sie zu jenem inneren Frieden finden, der ihnen zu der spielerischen Freude und dem spielerischen Vergnügen eines Kindes verhilft. Sie möchte, daß ihre Kinder auch in diesem Zustand bleiben – auf vielen verschiedenen Ebenen und auf neuen Wegen, an die wir nie zuvor gedacht haben. Sie liebt nämlich Überraschungen – und wir doch ganz bestimmt auch.

In diesem Zustand des Glücks, einem Gefühl von kindlicher Freude und Energie, widme ich meine neue Ausgabe von *Meditation for Children* meiner Mutter und meinem allerbesten Kameraden, Lew Childre, der mir diese Lebensfreude, diese »Universale Mutter des Mitgefühls«, in das Innerste meines Herzens und in mein alltägliches Leben hineintrug und der mir und meinen Freunden eine gänzlich neue und sich immer wieder verändernde Realität der Heiterkeit und des Vergnügens zeigte. Dadurch wurde das Universum der Freude immer weiter ausgedehnt – und der Sinn und Zweck der Meditation vollkommen neu definiert.

Danksagungen

Ich würde gern allen Menschen danken, die jetzt und in der Vergangenheit an der *University of the Trees* lehrten und lernten, denn sie haben sehr viel zu meinem geistig-seelischen Wachstum beigetragen. Dies gilt vor allem für Christopher Hills, der zu so vielen der Meditationen und Spiele, die in der ersten Ausgabe dieses Buches beschrieben werden, die Anregungen gab.

Ich danke den prächtigen Kindern in unserer Familie dafür, daß sie so wunderbare Menschen sind und daß sie uns so viel Freude gemacht haben, indem sie mit uns zusammen die Schätze des Lebens entdeckten.

Von meinem ersten Buch *Meditating With Children: The Art of Concentration and Centering* (für Gruppen und Klassen) und der sehr hohen Taschenbuchauflage von *Meditation for Children* (für einzelne und Familien) sind etwa 200 000 Exemplare gedruckt worden. Beide Bücher wurden in der Mitte der siebziger Jahre geschrieben. Viele Menschen haben mir berichtet, wieviel Gewinn sie und ihre Kinder davon gehabt hätten. Meditation ist keine Modeerscheinung, und ich hoffe, daß diese neue Ausgabe auch in den neunziger Jahren vielen Tausenden sogar noch mehr Frieden und Glück bringen wird. Die einzigen bedeutsamen Veränderungen in dieser neuen Ausgabe sind die Widmung und das neu dazugekommene Kapitel Null. Diese Veränderungen sind, das möchte ich hier deutlich betonen, der wichtigste Teil dieses Buches und werden neue Akzente für das nächste Jahrzehnt setzen.

Deborah Rozman

Kinderreim für Mütter –

die uns soviel Freude und Überraschungen schenken

Die junge Mutter, die Spaßmacherin,
Hatte Freude am Spiel mit Worten.
Sie liebte ihre Kinder wirklich sehr.
Sie ging durch die Stadt
Und es gelang ihr, alle Traurigkeit aus den Gesichtern
der Menschen wegzuzaubern.
Immer wieder fiel ihr ein neuer Spaß ein.

Die junge Mutter, die Spaßmacherin,
Selbst unbeschwert wie ein Kind,
Liebte ihre Kinder von ganzem Herzen.
Sie zeigte uns immer wieder,
wie sehr sie das Spielen liebte
Und das Lachen,
das Tanzen und die riesigen Luftsprünge.

Die junge Mutter, die Spaßmacherin,
Immer zum Spielen aufgelegt,
vertraute ihren Kindern ein Geheimnis an:
Wenn du wirklich aus dem Herzen heraus
liebevoll und fürsorglich bist
und zugleich nicht ängstlich und besorgt,
dann wird dein Leben wie ein Freudenfest sein.

Die junge Mutter, die Spaßmacherin,
ließ wie Revolver-Jenny die Teufel tanzen,
denn sie fand den alten Himmel ziemlich langweilig.
Sie suchte sich lustige Kameraden,
um mit ihnen Unsinn zu machen.
Keine langweiligen, ängstlichen Spießer,
Freunde, die selbst ein liebevolles Herz hatten.

Die junge Mutter, die Spaßmacherin,
hat mehr Zauberkraft als die wildesten Teufel.
Sie möchte, daß alle ihre Kinder
nur einfach sie selbst sind.
Sie zieht nicht eines dem anderen vor.
Für sie sind alle Brüder und Schwestern.
Etwas Besseres könnte sie ihnen gar nicht schenken.

Vorwort

Dieses Buch ist eine Einführung in neue Formen des Familienlebens und der Kindererziehung, die auf eine evolutionäre Veränderung hin ausgerichtet sind. Sein Ziel ist es, dem Leser mehr Liebesfähigkeit, Wahrheit, innere Harmonie und Erfüllung zu bringen, indem es allen, jung und alt, dazu verhilft, den Kontakt mit ihrem wahren Selbst aufzunehmen.

Die Erfahrungen, die dem Leser durch dieses Buch ermöglicht werden, können ihm durch den Nebel der Täuschungen und der Unwissenheit hindurch einen Weg weisen. Sie werden ihm dazu verhelfen, sein Leben schöpferischer und harmonischer zu gestalten. Begrabene und unterdrückte Gefühle und Gedanken erzeugen eine negative Energie, die sich in Mißtrauen und destruktiven zwischenmenschlichen Konflikten – und in einem unerfüllten Leben ausdrückt. Wenn wir uns selbst von diesen negativen Einflüssen reinigen und diesen Zustand der Reinheit für uns selbst und die, die wir lieben, bewahren können, dann wird jeder Konflikt zu einer Chance, die es uns ermöglicht, Kontakt mit unserem wahren Selbst aufzunehmen.

Die vergnüglichen Spiele und Experimente, die wir in diesem Buch vorschlagen, können allen, denen der Bereich der Meditation und der Selbstentdeckung neu ist, sehr nützlich sein. Sie werden aber auch denen zugute kommen, die bereits vor der Lektüre dieses Buches in irgendeiner Weise gelenkte Meditationsübungen gemacht haben. Jedermann kann durch die Erfahrungen, die er im Leben macht, lernen, seine Liebesfähigkeit und sein Vertrauen zu stärken und zu vertiefen. Um unser Bewußtsein zu verfeinern und unsere kleine Persönlichkeit mit dem universalen Bewußtsein verschmelzen zu lassen, an dem jeder Mensch teilhat, lernen wir es, die dünne Haut unseres Egos, des Selbstgefühls, das uns von allen anderen Menschen mit ihrem gesonderten Ego trennt, aufzulösen. Ein kreativer Konflikt läßt die trennende Membrane verschwinden.

Die Verwirrung und Unordnung in unserer heutigen Welt ist Spiegel der Verwirrung und Unordnung in der Seele der Menschen, die in dieser Welt leben. Die Verwandlung der Welt muß bei uns, den einzelnen Menschen, beginnen. Es gibt viele Meditationsbücher für Erwachsene, aber außer meinem vorigen Buch, *Meditation With Children*, keines für Kinder. Ich hatte es geschrieben, damit es im Klassenzimmer oder sonst im Zusammensein mit Kindern benutzt werden sollte; ich wollte damit die besonderen Bedürfnisse von Kindern erfüllen. Es gibt auch meines Wissens nichts im Sinne eines umfassenden Programms, um Meditation in einer Familie oder in einer Gruppensituation einzuführen. Dies Buch wurde geschrieben, um diese Lücke zu füllen. Sicherlich ist unser Familienleben und das Leben in der Gruppe ein Modell für unsere größeren sozialen Gruppen. Jede Familie und jedermann, der mit anderen zusammenlebt oder -arbeitet, und jede Gruppe von Menschen kann von einer solchen intensiven Lebensgestaltung profitieren. Wir besitzen jetzt die Hilfsmittel, um das menschliche Bewußtsein in großem Maße zu verwandeln, hier auf unserem kleinen Planeten, in diesem riesigen Universum.

Boulder Creek, California   *Deborah Rozman*

»Funtasia« – die nächstliegende Realität

Seit der ersten Niederschrift dieses Buches habe ich im Zuge meiner seelischen Entwicklung ein ganzes Kaleidoskop von Perspektiven hinzugewonnen, durch die ich neue Bereiche der Freude entdeckt habe. Und ich habe eines erkannt: Wenn das Leben aus einem Zentrum des streßfreien, sorglosen Friedens hinausströmt, dann entdecken wir neue Möglichkeiten und Facetten der Freude, ekstatische Zustände, Schattierungen von Entzücken und tieferem Glück. Aber das Beste ist: Ich fühle mich meinen Mitmenschen zutiefst verbunden, empfinde eine Art von freundschaftlicher Liebe, die ich nur gelegentlich und nur zusammen mit meinen allerbesten Freunden spürte, damals, als ich noch ein Kind war, oder später bei einem besonderen Menschen, dem ich vertrauen und dem ich alles sagen konnte; oder dann, wenn ich einen Menschen wirklich liebte.

Meditation macht Spaß: Helligkeit und Freude strömen aus unserem innersten Herzen hinaus und schnitten wie ein Wasserfall Kraft und Lebendigkeit in unser tägliches Leben. Wir werden freier, unsere natürlichen und spontanen, kindlichen Persönlichkeitsanteile auszuleben. Die Vitalität, die dem Zentrum unseres Seins entspringt, ist wie eine spontan sprudelnde Quelle von Reim und Rhythmus. Meditation ist wie ein Boot, in dem unsere Seele auf dem Strom der Zeit sanft und friedvoll dahinschaukelt. Sogar die Höhen und Tiefen, die natürlich gelegentlich kommen, wenn wir den weißschäumenden Wellen des Lebens ausgesetzt sind, haben, mögen sie uns auch noch so erschreckend erscheinen, einen heilsamen inneren Rhythmus. Am Ende helfen sie uns, ein liebevollerer und sorgloserer Mensch zu werden.

Welchen Wert sollte denn eigentlich eine bestimmte Übung oder eine Meditation haben, wenn sie uns nicht auch Freude bereitet? Wir werden immer mehr der Mensch, der wir wirklich sind, immer gütiger und demütiger und immer mehr bereit, mit anderen zu teilen. Wenn wir uns den Ängsten und den Traumata, jenen Gespenstern in den Abenteuern unseres Lebens, gestellt haben, dann können wir ihnen voller Hoffnung geradewegs ins Gesicht schauen und uns schneller wieder auf die Seite der Sieger schlagen. Ob die Schlaglöcher, die immer wieder Erschütterungen hervorrufen, klein oder groß sind: Wir können dennoch ein Held sein und trotz Kummer und Rückschlägen Freude und Vergnügen empfinden – in der Familie, in der Schule und unter Freunden. Das Ziel dieses Buches, *Meditation für Kinder*, ist es, für uns selbst eine innere Insel zu schaffen, auf der wir nur einem Mindestmaß von Streß ausgesetzt sind und von der aus wir in Ruhe unseren Lebensweg bestimmen können. Meditation ist der Kompaß, der uns zu einem wahrhaft sanften Lebensrhythmus führt. Dies wird dadurch erreicht, daß wir unsere intuitive Sensibilität für die Schwingungen des Lebens in uns und um uns herum steigern (Energien, Bilder, Gedanken, Gefühle und Empfindungen sind allesamt Schwingungen) und daß wir unseren Kontakt mit den Menschen und dem Leben vertiefen. In dem Maße, wie unsere Herzen empfindungsfähiger und stärker werden, fügen wir der wirklichen Freude und dem wirklichen Vergnügen neue Dimensionen, Ebenen und Bedeutungsschichten hinzu.

Gedicht an den Spaß:

Fantasieland des Vergnügens –
für alle Altersstufen

Quietschen, Schreien, Springen, Kichern,
Herumhüpfen auf Kissen,
sich von der Sonne bescheinen lassen,
mit allen Freunden gemeinsam oder
nur mit einem einzelnen zusammensein.
Wunderbares Tasten und
köstliches Riechen und Schmecken.
Geschmäcker und Geräusche, Gerüche und Anblicke,
Kitzeln und Nippen, Schürzenbinden
und Drachenfliegen.
Ganz allein im Gras tanzen,
Sterne anschauen oder ganz schnell in die Luft steigen.
Stillsein wie eine Maus
oder sich im Bett zusammenrollen,
Ein bißchen schauspielern oder statt dessen träumen.
Ich mag gern Spiele spielen,
um wirklich weit in die Ferne zu schauen
und den lustigsten, bequemsten Weg
in neue Bereiche meiner und deiner Seele zu beschreiten.
Ich werde wachsen und zugleich
doch immer wie ein Kind bleiben.

Natürlich kannst du deinen Kuchen haben
und ihn zugleich auch essen,
denn was willst du eigentlich mit einem Kuchen,
mit dem du nicht machen kannst, was du willst?

Was ist der eigentliche Grund für das Meditieren? Mehr
Freude zu empfinden, was auch immer das für Sie bedeuten mag. Vielleicht ist Ihnen das noch nicht einmal bewußt. Mehr Leben in den Zellen Ihres Körpers - mehr
Freude in Ihrer Seele, Erfüllung in Ihrem Herzen.

Manchmal müssen wir beginnen, um aufzuhören; oder aufhören, um zu beginnen; oder uns bewegen, um uns behaglich zu fühlen; oder ganz ruhig sein, um zu einem guten Ziel zu gelangen. Das ist der Grund, warum das Leben wie ein Spiel ist. Wir können lernen und wachsen, ohne uns das Leben durch allzuvieles Denken und Spekulieren und allzuviele Selbstbeschimpfung zur Hölle zu machen. Wir können alle wach und lebendig sein; und plötzlich gewinnen wir: alles gelingt.

Wie kann *Meditation für Kinder* uns dabei helfen, das freie Fließen von Gefühlen zu unseren Mitmenschen ohne große Strudel und Turbulenzen zu ermöglichen? Indem sie uns die Tür in unser eigenes Inneres öffnet. Aus unserem Zentrum heraus können wir uns dann in das Leben hineinbewegen und es intuitiv mit zauberhafter Freude erfüllen. Können Sie sich vorstellen, daß Sie diese neue Realität zusammen mit jemand anderem entdecken? Ein solcher Mensch wäre für Sie ein sehr wertvoller und wunderbarer Kamerad! Mehr gemeinsames Spielen, mutige, liebevolle, teilende, tiefe Gefühle, eine wirkliche Vertrautheit des Herzens, die Ihre Seele kräftigt und aus jedem, dem Sie begegnen, das Beste hervorholt. Meditation bringt uns Licht und hilft uns dabei, in unserem subjektiven Universum wahrhaft objektiv zu sein. Mit anderen Worten: Indem wir der Stimme unseres Herzens folgen und indem wir dem anderem aus tiefstem Herzen verbunden, aber doch nicht überfürsorglich sind (da wir zugleich eine distanzierte Perspektive einnehmen), ziehen wir Licht zu uns heran. Unser Herz wird leicht und unbekümmert; und dadurch gewinnen wir eine größere, weitere und in jedem Fall bessere Sichtweise.

Wenn wir unbekümmert sind, dann können wir ein bißchen albern sein, spontan und lieb. Wir treiben manchmal sogar ein wenig Schabernack, sind immer gut gelaunt und haben ein Gefühl von Freiheit wie ein Kind. Licht ist Energie, Kraft, Intelligenz. Je mehr Energie und

Kraft wir haben, desto lichter, aufgeweckter und freier sind wir.

> Helligkeit und Klugheit
> Durchdringen unser Leben
> Und wir haben uns in die Lüfte geschwungen
> Wie ein Vogel im Flug.
> Unsere Herzen wurden weit.
> Jeder, den wir darin eingeschlossen hatten,
> Fühlte sich so gut.
> Wir brauchten nicht zu kämpfen
> Oder in Angst und Schrecken
> Vor der Macht eines anderen zu leben.

Mit dem Zusatz zu diesem Buch oder mit seiner neuen Auflage soll der bisherige Inhalt nicht verändert werden; ich will vielmehr etwas hinzuzufügen: mehr Herzensfreude und mehr Hoffnung und Energie. Spaß und Vergnügen geben uns ein wenig mehr Schwung auf unserer Reise zur Vervollkommnung und Erfüllung in unserem Leben. Ich hoffe, daß ich allen, die dieses Buch in die Hand nehmen, dabei helfe, sich ein wenig schwungvoller und sanfter auf ihrer Reise zur Harmonie und zu größerer Freude voranzubewegen.

Manchmal kann uns die Vorstellung von Frieden sehr langweilig erscheinen. Wir lieben das Abenteuer und die Aufregung – anscheinend macht uns das sehr viel Spaß. Manchmal kommt uns sogar die Liebe sentimental vor. Harmonie erscheint uns wie ein Haufen stumpfsinniger Engel, die hoch oben in den Wolken Harfe spielen, während doch unsere Vorstellung von Spaß und Freude eher in Richtung auf Wettkampf oder ein wirklich bewegendes Herzenserlebnis geht. Selbst das Wort Freude, das immer etwas Stimmungshebendes hat, kann anscheinend etwas sehr Oberflächliches meinen, wie Schaum auf einer

Welle, während wir uns doch eigentlich die seelenerschütternde Tiefe und die Kraft des Ozeans wünschen.

Nun, der Schlüssel zu allen den Erfahrungen, nach denen wir uns sehnen und von denen wir träumen, ist, unseren Weg durch das Leben mit einem Minimum an Streß und einem Maximum an Wohlbehagen zu gehen und dadurch Erfüllung zu finden. Das beginnt damit, daß wir innerlich friedvoll sind und harmonisch mit anderen in Beziehung treten. Die Meditationen und die Spiele zur Erweiterung des Bewußtseins, die mit Hilfe dieses Handbuchs geübt werden sollen, können uns dabei helfen. Indem Sie, liebe Leserin und lieber Leser, sich selbst dazu verhelfen, Ihr eigenes tieferes Zentrum innerer Sicherheit zu finden, verändert sich Ihre Perspektive und zugleich die Wahrnehmung und Erfahrung aller anderen Schattierungen und Strukturen des Lebens, seien dies nun Gefühle oder Einsichten, Visionen, Wissen, eine Erfahrung von Gnade, eine angenehme Überraschung oder die Erfüllung echter Herzenswünsche. Der Topf voller Gold am Ende des Regenbogens existiert wirklich – er ist eingeschlossen im reinen Zentrum Ihres Herzens. Dort finden Sie auch alles Wunderbare und Schöne, was Sie sich erträumen.

So soll diese neue Ausgabe des Buches dazu dienen, Sie auf die Meditation einzustimmen, und zwar über irgendeine alte Idee von bloßer Technik oder Disziplin oder Stillsitzenmüssen oder über Religion oder reine Wissenschaft weit hinausreichend. Sie soll Ihnen in Ihrem innersten Kern neuen Auftrieb geben, ein Gefühl von Leichtigkeit und Vergnügen. Sie soll Ihnen eine neue Schwingungsfrequenz zeigen, die Sie in Ihrem Leben ausprobieren und bei der Sie zugleich im Herzen die Hoffnung haben können, für sich und Ihre Kinder ein Gefühl der Erfüllung zu finden.

Die beste Einstellung, die man mich lehrte und die ich auch mit Vergnügen lernte – und zwar vor allem, weil sie sich ganz unmittelbar für mich lohnte –, war, wirklich aus meinem Herzen heraus für andere zu sorgen und mit ihnen mitzuempfinden und mich zugleich nicht in Grübeleien darüber, was vielleicht sein könnte und was nicht, zu verlieren. Ich habe entdeckt, daß meine schweren oder ängstlichen Gedanken sich in etwas Leichteres und Besseres verwandeln, wenn ich mich nicht allzusehr in sie verstricke. Ich entwickle ein Vertrauen in das Universum und fühle mich in einer Weise geborgen und getragen, wie ich es mir nie zuvor erträumt hätte. Diese Form von Gelassenheit schenkt mir eine innere Freiheit und läßt meine Lebensenergien sehr viel schneller und leichter fließen, als wenn ich mich mit den Fragen »warum?« und »wofür?« an jedem winzigen Problem festhalte. Schließlich kommt, ganz plötzlich und unerwartet, die richtige Einsicht, und ich bin befreit.

Wirklich gut für mich selbst zu sorgen bedeutet, daß ich mir Zeit nehme, mich zu fragen und mir selbst mitzuteilen, was bei der Meditation mit mir geschieht, oder daß ich einem Freund meine Sorgen mitteile, bevor ich mich in Angst oder sogar Panik hineinsteigere. Das hilft mir oder meinem Freund, sehr viel schneller aus kleinen Energielöchern hinauszukommen. Wenn wir wirklich Freunde sein können, wenn wir nicht verzweifeln, sondern bestimmte Perspektiven verlassen, bei denen wir uns nicht wohlfühlen oder die nicht produktiv sind – wie etwa Ärger oder der Streß einer Frustration –, dann kommen wir in Bereiche, wo wir fast den Himmel auf Erden erleben. Dies ist kein falscher Idealismus. Meine Großfamilie und ich haben dies für uns selbst beweisen können, und wir und unsere Kinder leben ein glückliches, täglich strahlenderes Leben.

Als Kinder oder als Erwachsene hatten viele von uns zum einen oder anderen Zeitpunkt unseres Lebens jenen besten Freund, dem wir alles erzählen konnten, selbst unsere intimsten Gedanken, und von dem wir uns zugleich ganz und gar angenommen fühlten. Wenn es jenen »besten Freund« im Augenblick nicht gab, dann haben wir ihn uns wahrscheinlich sehr gewünscht und uns vielleicht sogar sehr heftig nach ihm gesehnt, ob dies nun ein Lehrer, ein Haustier, ein Partner, ein Geistlicher, ein Therapeut oder eben jener liebevolle Freund war. Wir haben den Teil in uns gespürt, der sich danach sehnt, rund und vollkommen zu werden, so daß wir mehr wir selbst sein können. Und dann? Was geschieht dann? Wir empfinden mehr Lebensfreude und entdecken spielerisch gemeinsam das Universum neu. Wir lernen es, ein befriedigenderes, intensiveres Leben zu leben.

So ist also Meditation kein Selbstzweck. Manchmal ist sie eine Schwimmflosse, die uns das Schwimmen über den Teich unseres Lebens erleichtert. Manchmal ist sie ein Rettungsfloß, das uns über aufregende Zeiten hinweghilft, manchmal bedeutet sie so etwas wie ein Surfbrett oder sogar ein paar Wasserski, die uns helfen, über die Wellen hinwegzusausen in neue, mit Freude erfüllte Dimensionen des Bewußtseins, von denen wir zuvor nur geträumt oder auf die wir nur einen kurzen Blick geworfen haben. Aber vor allem kann sie uns in jenes Herzstück des Universums hineinführen, von dem wir nicht einmal wußten, daß es vorhanden ist und nur darauf wartet, uns tiefere Erfüllung zu bringen als unsere tiefsten Träume.

Wenn Sie die Übungen oder Spiele in diesem Buch in einer freudigen und beschwingten Stimmung machen, dann werden Sie sich sogar noch besser fühlen als zuvor. Wenn Sie aber innere Spannungen vermindern oder eine augenblicklich schlechte Stimmung verbessern möchten, dann sind diese Übungen ebenfalls sehr sinnvoll. Bei Problemen mit einem anderen Menschen versuchen Sie zunächst, gemeinsam zu lachen. So können Sie ein wenig neue Energie und Licht hereinlassen und machen sich keine allzu große Sorgen mehr über das, was Sie vorher bedrückt hat. Sprechen Sie über alles, was nach Ihrer

Meinung nicht gelöst und erledigt ist. Schieben Sie es nicht beiseite, denn dann wird es Sie auch in Zukunft wieder belasten. Machen Sie aktive Zuhör-Übungen, meditieren Sie gemeinsam oder versuchen Sie, gemeinsam einige der Wahrnehmungsübungen zu machen und beobachten Sie, wie Ihre Beziehungen sich zu wirklichen, tiefen Freundschaften entwickeln.

Soviel über diese Ausgabe. Bis zur nächsten ...

Erstes Kapitel

Was ist Meditation?

Das Wort Meditation ist aus dem Sanskrit abgeleitet: *medha* bedeutet in jener Sprache soviel wie Weisheit. Medha-tation bedeutet, Weisheit erleben, in Kontakt mit der Weisheit kommen, die wir in uns haben. Sie weist uns den Weg, mit alltäglichen Problemen und Situationen fertig zu werden. Durch das Meditieren lernen wir, uns auf die richtige Weise einzustellen, so daß wir in allem, was wir tun, von Weisheit gelenkt werden. Jeder hat diese Fähigkeit zur inneren Führung in sich, denn sie gehört zur Natur des Menschen, genauso wie der Geist, die Gefühle und die Sinne zur Natur eines jeden Menschen gehören. Wie eine verborgene Goldmine ist die Fähigkeit zur inneren Führung bei den meisten Menschen noch nicht erschlossen, aber die, die wissen, wie man sie anzapft, verfügen über einen großen Reichtum, der immer für sie bereit liegt.

Indem wir lernen, die Meditation dazu zu nutzen, diese große Quelle der Weisheit in uns zu erschließen, folgen wir dem Vorbild der großen Meditierenden des Ostens – viele von ihnen Hindus oder Buddhisten –, die den seelischen Vorgängen sehr intensiv nachgespürt haben. Sie stimmen alle darin überein, daß auch die Seele dem Gesetz von Ursache und Wirkung unterliegt. Die Wirkungen der Denkweise und der Handlungen, die von der Seele des Menschen ausgehen, kommen wieder auf ihn zurück. Auf diese Weise gewinnt er mehr und mehr an Weisheit. Die Weisen des Ostens glauben, daß alle schwierigen Situationen eine Herausforderung zum seelischen Wachstum sind. Das Wort, das diese individuelle

Entwicklung beschreibt, ist *Karma*. Das ist die Kraft, die durch die Handlungen eines Menschen erzeugt wird und die die Rückwirkungen und Seelenwanderungen verursacht und fortsetzt. Das Karma bestimmt nach den Gesetzen der Logik und Ethik das Schicksal der Seele in ihrem nächsten Leben.

Durch dieses Wechselspiel von Ursache und Wirkung wird die Intelligenz jedes einzelnen Menschen schließlich dahingehend entwickelt, daß er die Konsequenzen seiner Handlungen vorhersieht und mit wirklicher Weisheit handelt. Die praktische Intelligenz reift zu einer Form von selbstloser Weisheit, durch die das Wissen in der richtigen Weise gelenkt wird. Wenn die Seele in Versuchung ist, Schaden anzurichten, weigert sie sich aufgrund von Erfahrung und Vorausschau.

Der Mensch ist weise geworden, wenn er aufgrund immer wiederkehrender nachträglicher Einsichten die Fähigkeit des Vorausschauens entwickelt hat. Wenn die Lektionen, die der Mensch auf der Erde zu lernen hat, gelernt worden sind, dann wird die Seele wahrhaft liebevoll. Mit dieser liebevollen Seele wird der Mensch seinen Mitmenschen niemals mehr Schaden zufügen – und es wird ihm selbst auch kein Schaden zugefügt werden. Wenn er diese Stufe der Befreiung wirklich erreicht hat, dann ist er zu einem wahrhaft Sehenden, einem Kind Gottes geworden.

Im Westen hört man immer häufiger, wir sollten anderen das antun, was sie uns auch antun. Die westlichen Religionen haben nicht wirklich deutlich gemacht, daß das Gesetz von Ursache und Wirkung auf der Ebene der Gedanken und Vorstellungen ebenso wirksam ist wie auf der physischen Ebene.

Meditierende, die sich mit der menschlichen Natur befaßt haben, sagen: Wenn wir uns irgend etwas vorstellten oder dächten, was jemand anderen verletzt, dann würde der Schmerz schließlich zu uns zurückkommen. Das

Energiegesetz, daß jede Aktion eine entsprechende Reaktion hervorrufe, ist auch ein geistiges Gesetz, und es bezieht sich auf unsere Gedanken und Handlungen ebenso wie auf physikalische Energie. Wenn wir etwas vorhaben, wodurch jemand anderes verletzt wird, dann werden wir, zu einem späteren Zeitpunkt, auch wieder etwas Verletzendes zurückbekommen. Dadurch lernen wir, daß jeder Mensch ein Teil unseres Selbst, ein Teil des großen, gemeinsamen Ganzen und Teil der großen Einheit des Lebens ist. Natürlich werden wir umgekehrt auch, wenn wir etwas Positives und Hilfreiches vorhaben, etwas gleichermaßen Positives zurückbekommen.

Die wachsende Seele ist wie ein vibrierender Strudel von Energie – vibrierend von bestimmten psychologischen Tendenzen und unerfüllten Sehnsüchten. Sie wird von gewissen Situationen angezogen; dies sind Situationen, die ihr die Möglichkeit bieten, bestimmte Probleme zu bearbeiten und zu bewältigen.

Durch die Meditation lernen wir, unsere innere Weisheit anzuzapfen, indem wir unsere Körper, unsere Gefühle und unsere Gedanken zur Ruhe bringen. Erst wenn wir unsere rastlosen persönlichen Aktivitäten hinter uns gelassen und aus dem Wege geschafft haben, kann unser wirkliches Selbst in Erscheinung treten. Dann erreichen wir einen Zustand großer innerer Klarheit, und in jener Klarheit finden wir die Antworten, die wir brauchen. Wir wissen vielleicht nicht, woher diese Antworten kommen, aber wir spüren eine große innere Sicherheit. Dies ist eine außerordentlich befriedigende Erfahrung; das Leben gewinnt dadurch eine tiefere Bedeutung. Wir werden in allem, was wir tun, fortwährend bewußter.

Einige Menschen fragen sich, ob Meditation vielleicht ihren religiösen Überzeugungen entgegenstehen könnte. Im Grunde genommen ist die Meditation der inneren religiösen Sammlung und dem stillen Gebet, das die meisten Religionen lehren, sehr ähnlich. Es ist hilfreich, sich

Meditation als ein gesundes psychologisches Werkzeug zur Kontaktaufnahme mit unserer geistigen Natur vorzustellen. Sie kann von jedermann, gleichgültig aus welcher sozialen Schicht oder aus welchen Land er kommt oder wie alt er ist, praktiziert werden.

Die meisten Meditierenden empfinden regelmäßige Übung als besonders lohnend. Die Zeit, die man sich dafür nimmt, wird entsprechend den persönlichen Bedürfnissen sehr unterschiedlich sein. Für Familien mit kleinen Kindern, die gemeinsam meditieren möchten, sind zunächst einmal fünf bis zehn Minuten pro Tag günstig. Bei sehr kleinen Kindern muß die Zeit vielleicht auf zwei bis drei Minuten reduziert werden, bis sich die Konzentrationsfähigkeit stärker entwickelt hat. Aber schon diese kurze Zeit der tiefen Entspannung wird sich sehr positiv auswirken. Da das Bedürfnis, inneren Frieden und seine wohltätige Wirkung zu erfahren, mit der Häufigkeit der Übungen wächst, wird man die Zeit für die Meditation schrittweise länger ausdehnen. Wichtig und beglückend ist der Kontakt mit dem Zentrum des inneren Friedens, der Klarheit, der Freude und der Liebe, die alle im eigentlichen Selbst des Menschen angesiedelt sind. Für die, die schon eine geraume Zeitlang geübt haben – auch für Kinder –, sind dreißig Minuten bis eine Stunde Meditation, ein- oder zweimal am Tag, durchaus üblich.

Für Anfänger hier eine kurze Anleitung zum Meditieren: (Vielleicht möchten Sie sich diese Sätze auf Tonband aufnehmen und ihnen dann zuhören.)

● Setzen Sie sich aufrecht und bequem hin; das Rückgrat und der Rücken müssen gerade und zugleich entspannt sein. Schließen Sie die Augen. Entspannen Sie sich. Das tun Sie, indem Sie zunächst einmal den linken Fuß anspannen. Dann entspannen Sie ihn wieder. Spannen Sie den rechten Fuß an und entspannen ihn wieder. Entspannen Sie alle Nerven und Muskeln. Spannen Sie die Muskeln der linken Wade an – und entspannen Sie sie wieder.

29

Spannen sie die Muskeln der rechten Wade an – und entspannen Sie sie wieder. Entspannen Sie jeden Körperteil ganz und gar.

Machen Sie diese Übung mit dem linken Oberschenkel, dann dem rechten Oberschenkel, der linken Gesäßbacke, der rechten Gesäßbacke, dem Bauch und Magen, dem linken Teil des Brustkorbs, dem rechten Teil des Brustkorbs, dem linken Unterarm und der Hand, dem rechten Unterarm und der Hand, der linken Schulter, der rechten Schulter, dem Hals, Gesicht, Kopf und den Muskeln unter der Kopfhaut.

Jetzt atmen Sie tief ein und lassen alle Spannungen und angestauten Gefühle von sich abfallen. Sie fühlen sich locker und wohl. Der Körper ist ruhig, die Gefühle sind ebenfalls zur Ruhe gekommen.

Jetzt entspannen Sie Ihren Geist. Sie schauen jetzt nach innen und nach oben, ohne daß Sie Ihre Augen dabei überfordern müßten. Stellen Sie sich auf der Innenseite der Stirn einen Punkt zwischen den Augenbrauen vor. Richten Sie alle Aufmerksamkeit auf diesen Punkt und konzentrieren Sie sich, aber bleiben Sie zugleich entspannt. Wenn Gedanken kommen, dann lassen Sie sie einfach durch sich hindurchfließen, und bringen Sie dann die Aufmerksamkeit zurück zum Konzentrationspunkt im Kopf zwischen Ihren Augenbrauen. Machen Sie diese Übung fünf Minuten lang. Jetzt spüren Sie nach, ob Sie Ihren Herzschlag fühlen können. Werden Sie sich bewußt, daß Sie rhythmisch und gleichmäßig atmen. Schon bald durchströmt Sie ein wunderbares Gefühl des Friedens: Sie sind in sich selbst zentriert. Aus diesem Zentrum heraus bekommen Sie einen neuen Zustrom von Energie; Sie werden wach und bewußt.

Dies ist es im Grunde, was bei der Meditation geschieht. Detailliertere Anweisungen und Beschreibungen für verschiedene Übungen sind in den folgenden Kapiteln zu finden. Das Gefühl, sein eigenes Zentrum gefunden zu haben und ganz und gar wach zu sein, wird Sie begleiten, auch, nachdem die Zeit der Meditation vorüber ist. Dies freudige Gefühl wird uns möglicherweise den ganzen Tag lang nicht verlassen, ob wir nun abwaschen, die Hausarbeit machen, einen Nagel einschlagen oder mit anderen kommunizieren.

Je mehr wir meditieren, desto stärker werden wir das Gefühl haben, in unserer Mitte zu sein.

Für ein Kind, das noch nicht ausreichend Selbstdisziplin gelernt hat, ist es schwierig zu meditieren, aber die Ergebnisse, die dabei herauskommen, sind die Geduld und die Anstrengung durchaus wert. Meditation wirkt sich sehr günstig auf das Selbstbild des Kindes aus. Das Kind lernt die Kunst, Herr seiner selbst zu sein, wenn es seinen Körper, seine Gefühle und seine Gedanken so weit zur Ruhe bringen kann, daß es seine eigentliche Mitte spürt. Das Kind bekommt ein starkes Gefühl von innerer Führung; Fragen werden mit intuitiver Sicherheit beantwortet. In dem Gefühl der Freude, des Wohlbefindens und mit der neuen, sehr viel intensiveren Wahrnehmungsfähigkeit entwickelt das Kind ein neues, gestärktes Selbstvertrauen, und es wird das, wofür es sich interessiert, besser tun können. Die allmähliche Entwicklung der hohen Kunst der Konzentration, die mit der Meditation Hand in Hand geht, wird bei diesem Kind zu einem festen Charakterzug. Endlich kann das Kind die kraftvolle, aber häufig sehr diffuse Energie der Kindheit zur Verwirklichung seiner Ziele nutzen.

Zweites Kapitel

Meditation –
für jeden etwas anderes

Die Kommunikation mit Ihrem Inneren Selbst

Wer Meditation kennenlernen will, muß selbst meditieren. In diesem Buch betrachten wir Meditation als die eigentliche große Liebe unseres wahren Selbst. Es ist wichtig, intensiv zu meditieren, um wirklich zu erfahren, wovon hier die Rede ist. Lesen Sie die ersten beiden Absätze; gehen Sie dann zurück zu den Anleitungen für die ersten Schritte auf dem Weg zur Meditation und probieren Sie dann diese Schritte auch wirklich selbst aus. Diese Übung wird Sie auf das einstimmen, was später kommen wird: Sie versetzt Ihren Geist in eine andere Schwingungsfrequenz.

Wenn Sie das erste Mal wirklich zu Ihrer inneren Mitte gefunden haben, dann bleiben Sie einfach dort, an jenem friedlichen, ruhigen Ort und fragen sich: Wer bin ich? Im Zustand der Meditation, immer noch mit geschlossenen Augen, betrachten Sie jetzt genau, was in Ihrem Bewußtsein aufsteigt. Nach einer Weile fragen Sie sich dann noch einmal: Wer bin ich? Stellen Sie sich diese Frage, während Sie fortwährend in Ihrer Mitte ruhen, und denken Sie eine Weile lang über die Antwort – oder über den Grund dafür, warum keine Antwort kommt – nach.

Wenn wir unsere Meditation mit der Frage »Wer bin ich?« beginnen, dann lassen wir uns damit auf ein neues Abenteuer ein: Wir entdecken die Quelle unserer Existenz. Wir gewinnen neue Einsichten. Sie dürfen durchaus viel erwarten; seien Sie aber dennoch nicht gleich entmutigt, wenn Sie nicht sofort große neue Entdekkungen machen. Selbst um das Stillsitzen zu lernen, müssen wir häufig, gleichgültig wie alt wir sind, sehr viel üben und sehr viel Willenskraft aufbringen. Wir sind daran gewöhnt, rastlos und unermüdlich zu denken und uns vor uns selbst dauernd dafür zu entschuldigen, daß wir bestimmte Dinge, die wir uns vorgenommen haben, nicht schaffen. Beobachten Sie nur einmal, welche Tricks Ihr Geist anwendet, um sich von dieser ganz einfachen Übung in Disziplin davonzustehlen.

Es ist wissenschaftlich erwiesen, daß der Durchschnittsmensch zu diesem Zeitpunkt unserer Entwicklung nur etwa zehn bis fünfzehn Prozent seiner Gehirnzellen nutzt. Versuchen Sie, sich das Potential vorzustellen, das in den anderen fünfundachtzig bis neunzig Prozent, die nicht genutzt werden, noch verborgen liegt! Dieses ganze Potential ruht, ähnlich wie ein Bär, der Winterschlaf hält. Wir haben kaum eine Vorstellung davon, was in den unerschlossenen Bereichen unseres Bewußtseins verborgen liegen mag. Beim Ausnutzen der bisher nicht erschlossenen Quellen können uns aber die Menschen helfen, die einen größeren Prozentsatz ihres Gehirns als andere zu nutzen gelernt haben. Durch Meditation und andere bewußtseinserweiternde Übungen werden schlafende Gehirnzellen aktiviert. Die Energie, die wir während des Meditierens empfangen, stimuliert die Neuronen unseres Gehirns und steigert deren Aufnahmefähigkeit.

Es ist nicht schwer, über die Natur oder über die Gesetze des Universums, die der Mensch durch seine fünf Sinne wahrnimmt, gelehrte Gespräche zu führen. Aber das Selbst zu kennen, das aus all dem, was unsere Augen, Ohren, unser Geschmackssinn unser Tastsinn und unser Geruchssinn, aufnehmen, einen Sinn ableitet, ist eine seltene und sehr kostbare Fähigkeit. Gewöhnlich nehmen wir unser eigenes Bewußtsein als etwas Selbstverständliches hin, und nur sehr wenige Menschen haben sich jemals die Mühe gemacht, so zu meditieren, daß sie tiefer in die wahre Natur ihres Selbst hineingeführt werden. Wer meditiert, erfährt, wie dieses Selbst sich mit Energie, Licht, Bewußtsein, anderen Menschen und mit Gott verbindet.

Eine solche weltweite Erforschung der Natur des Selbst ist ein Schritt in Richtung auf das New Age, das sich im Geiste vieler reifer Menschen, die nach spiritueller Wahrheit suchen, derzeit entwickelt. Je früher wir unsere Kinder zu diesem großen Abenteuer der Selbstentdeckung anleiten, desto besser sind sie darauf vorbereitet, die Welt in ein neues Stadium der Evolution hineinzuführen.

Meditationsübungen zur Frage »Wer bin ich?«, bei denen wir unsere inneren Quellen erschließen, sind ein Schlüssel zu diesem neuen Erwachen. Sie öffnen das Gefängnis unserer eigenen Blindheit und befähigen uns zu Wahrnehmungen jenseits der Grenzen unserer Persönlichkeit. Unser erwachtes Bewußtsein ermöglicht uns eine Fähigkeit zur Erkenntnis, die über den Geist, die Gefühle und die Sinne hinausgeht. Mit ihrer Hilfe können die Natur und die Lebensbedingungen des Menschen so gesehen werden, wie sie wirklich sind.

Die Persönlichkeit wirkt als ein Filter der Wahrnehmung. Es gibt nicht zwei Persönlichkeiten, die vollkommen gleich wären. Jeder Mensch lebt auf verschiedenen Bewußtseinsebenen, und jede Persönlichkeit besteht aus verschiedenen Bewußtseinsebenen oder -schichten. Die folgende Zeichnung zeigt das wahre Selbst, das innere Zentrum, mit sieben verschiedenen Bewußtseinsschichten, die wie Filter wirken und unseren Erfahrungen ihre individuelle Färbung geben. Jede Person funktioniert im wesentlichen auf einer oder zweien dieser Ebenen, auch wenn alle Ebenen in jedem Menschen potentiell vorhanden sind. Wir müssen es lernen, diese Ebenen zu entwickeln, um das Selbst entdecken zu können. Daß der

34

Mensch mit diesen unterschiedlichen Ebenen der Erkenntnisfähigkeit ausgerüstet ist, wußten schon immer die Weisen, die mit ihrer Mitte in Kontakt waren und durch die menschliche Welt der Erfahrung hindurchsehen konnten. Viele Wissenschaftler waren geradezu schockiert angesichts der Leistungen, die die Gehirne einiger dieser ungewöhnlichen Menschen vollbrachten.

Die sieben Ebenen der Bewußtheit

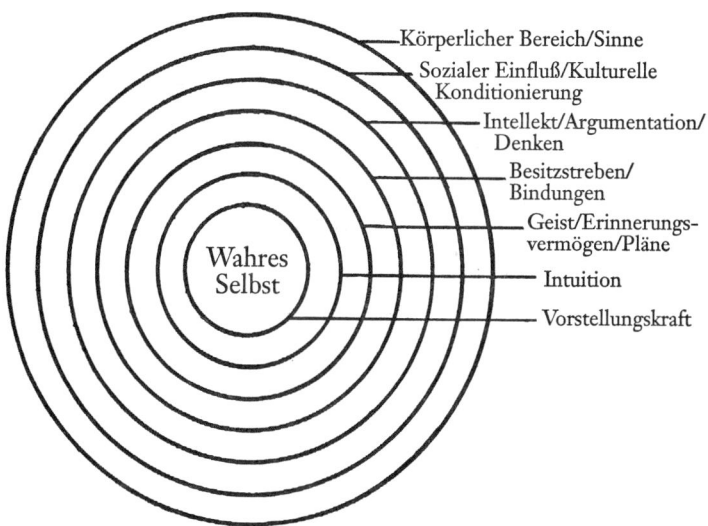

Körperlicher Bereich/Sinne

Sozialer Einfluß/Kulturelle Konditionierung

Intellekt/Argumentation/Denken

Besitzstreben/Bindungen

Geist/Erinnerungsvermögen/Pläne

Wahres Selbst

Intuition

Vorstellungskraft

Jede dieser Ebenen der Bewußtheit produziert wie die sieben Farben des Regenbogens eine unterschiedliche Form von Energie. Die Farben kann man in der Aura (dem Energiefeld, das den Körper umgibt) erkennen. Einige Erwachsene und viele Kinder können es lernen, Auren zu sehen, wenn es ihnen gelingt, den Brennpunkt ihrer Augen entsprechend einzustellen. Die Aurafarben zeigen die Ebenen der Bewußtheit, die in einem Menschen zum Ausdruck kommen. Übungen zum Erkennen von Aurafarben werden auf Seite 190 dieses Buches vorgeschlagen. Die meisten Menschen sind sich dieser verschiedenen Ebenen kaum bewußt. Wissen Sie, auf welcher Ebene oder auf welchen Ebenen Sie hauptsächlich leben, auf welcher Ebene oder auf welchen Ebenen Ihre Kinder hauptsächlich leben? Wir können diese Ebenen mit einer Sonne vergleichen, die durch ein Prisma hindurchscheint und einen schönen Regenbogen von sieben reinen Farben malt. Die Ebenen anderer Menschen werden ebenfalls klar erkennbar. Kein Wunder, daß diese plötzliche Klarheit unserer Wahrnehmung *Erleuchtung* genannt wird. Die meisten Ehe- und Familienprobleme treten deshalb auf, weil die Beteiligten auf unterschiedlichen Ebenen funktionieren und nicht wissen, wie sie das ändern können. In Wahrheit treffen sie sich nicht und verstehen auch nicht, woher der andere kommt.

→ Die Meditationsübungen helfen dabei, zu wachsen und andere Ebenen der Bewußtheit zu erreichen als die, auf denen wir uns gewöhnlich bewegen. Wenn wir vor allem durch unser Denken mit der Welt in Kontakt sind, dann könnte es sein, daß wir eines Tages entdecken, daß unser Selbst plötzlich stärker von Intuition und Sensibilität geleitet wird. Wenn wir im wesentlichen im Bereich von Phantasie und Vorstellungskraft leben, dann könnte es für uns notwendig werden, unsere Füße auf den Boden zu setzen und uns um die praktische Seite unseres Lebens zu kümmern. Wir bekommen einen Schub von Energie, das zu sein, was wir im Grunde genommen sind und uns zugleich dem mehr anzunähern, was wir sein wollen. Neue Vorstellungen und Bilder von dem, wer wir wirklich sind und was wir erreichen können, tun sich vor uns auf. Wir entdecken, daß unser Selbst nach bestimmten Gesetzen wächst, die uns in der Schule, bei der Arbeit oder im normalen Familienleben niemals beigebracht worden sind. Wir werden bald auch bemerken, daß wir mit vielen und mit gänzlich verschiedenen Menschen in Kontakt treten können.

Während wir immer besser und geübter meditieren, merken wir, daß die Meditation für uns immer wertvoller wird. Bei allen Menschen fließen Ruhe, Einsichten, Energie und Glücksgefühle aus derselben Quelle, aber in jedem einzelnen manifestieren sie sich durch seine individuelle Persönlichkeit auf unterschiedliche Weise. Wir meditieren, um die Grenzen unserer Persönlichkeit zu überschreiten, aber wir entwickeln dadurch zugleich unsere einzigartige Individualität. Unsere persönlichen Talente und Fähigkeiten treten klarer zutage. Wenn Sie beispielsweise gern Klavier spielen, dann wird ein erweitertes Bewußtsein Ihnen helfen, ein besserer Pianist zu werden. Neue Energie wird durch alle Ebenen Ihrer Persönlichkeit hindurchfließen. Alles, was Sie tun, wird bedeutungsvoller. Sogar Arbeiten, die früher langweilig waren, werden jetzt angenehm.

Je deutlicher wir erkennen, auf welche Weise unsere Persönlichkeit das Leben filtert, desto näher kommen wir unserem inneren Zentrum. Je näher wir diesem Zentrum kommen, desto tiefer und erfüllender werden unsere Meditationen. *Erkenne dich selbst* ist die Aufgabe, die die Evolution dem Menschen stellt; es ist die Aufgabe, die jeder einzelne Mensch und die Menschheit als Ganzes zu bewältigen haben. Jeder einzelne Mensch muß seinen Willen nutzen, um sich selbst kennenzulernen; dies ist eine Aufgabe, die niemand anders für ihn erledigen kann. Selbsterkenntnis hat nichts mit Ideologie – kommunistisch, sozialistisch oder kapitalistisch – zu tun. Es geht vielmehr darum, daß man sich selbst sehen sollte *wie man ist* – nicht so, wie die Gesellschaft meint, daß man sein müßte. Der Mensch wird nicht aufgrund von sozialem Fortschritt erleuchtet werden. Die Gesellschaft kann nur die Grundvoraussetzung von Bildung und Lebensbedingungen schaffen, die den einzelnen befähigen, das Muster zu erkennen, das ihn daran hindert, zu Aufklärung und Einsicht zu gelangen. Wir können einen wahrhaft aufgeklärten, liberalen Staat haben, wenn genügend Menschen wirklich gewillt sind, sich selbst zu erkennen. Vorher ist es nicht möglich. Wissen wir, wie tiefgreifend die Gesellschaft unsere persönlichen Gedanken und Werte beeinflußt hat – auch die innersten und persönlichsten? Fragen Sie sich selbst.

Wie können wir es lernen, unsere eigenen Filter zu erkennen? Wir müssen den Gründen für unsere persönlichen Probleme und Störungen nachspüren. Vorher können wir nicht sicher sein, daß unsere Wahrnehmungen richtig sind. Sehr wenige Menschen sind sich wirklich der Fallen in ihren eigenen Denk- und Sichtweisen bewußt. Wir müssen über die normalen Grenzen unseres Wahrnehmungsfähigkeit hinausschauen, um überhaupt erst einmal die Fallen zu erkennen, in denen wir gefangen sind. Die Menschen in den asiatischen Ländern benutzen dafür das Bild eines Fisches, der im Wasser schwimmt. Ein Fisch kann nicht wissen, was Wasser eigentlich ist, da er sich ununterbrochen darin aufhält. In ähnlicher Weise weiß der Mensch nicht, was die Fallen des Geistes und des Verstandes sind, da er fortwährend in seinem eigenen Geist gefangen ist. Irgendeine Fähigkeit jenseits des Verstandes muß geweckt werden, um durch die Begrenzungen des Geistes hindurchzuschauen.

Wissenschaftler haben die Natur studiert, indem sie ihre fünf Sinne, viele Instrumente und die Mathematik zu Hilfe genommen haben. Aber wie der Geist und die gedanklichen Voraussetzungen des Wissenschaftlers seine Beobachtungen beeinflussen, das ist im Grunde nicht erforscht worden. Wissenschaftler machen alle möglichen Anstrengungen, ihr individuelles Bewußtsein von dem, was sie beobachten, zu trennen. Aber sie können niemals wirklich erfolgreich sein, denn was außer dem Geist könnte die Ergebnisse der Experimente interpretieren? Und der Geist ist immer schon durch die vorangegangenen Erfahrungen beeinflußt.

Letztendlich müssen nicht nur die Wissenschaft, sondern auch die Politik, die Religion, die Soziologie – tatsächlich jeder Bereich des Wissens – sich mit den Bedingungen aussöhnen, unter denen das menschliche Bewußtsein arbeitet. Auch wenn zweitausend Menschen dasselbe wahrnehmen, muß es deshalb nicht richtig sein, denn es könnte jemand mit größerer Weisheit und besserer Wahrnehmungsfähigkeit mit einer Erkenntnis kommen, die beweist, daß jene zweitausend Menschen etwas Falsches gesehen haben. Genau das geschah, als Galileo bewies, daß die Welt rund ist und nicht flach. Es geschah, als Albert Einstein die Relativitätstheorie in die Naturwissenschaften einführte. Viele Wissenschaftler mußten zugeben: Einiges, von dem sie aufgrund ihrer Beobachtungen zuvor angenommen hatten, daß es wahr sei, stimmte in Wirklichkeit doch nicht.

Eine solche Veränderung des Weltbildes trat auch ein, als Christus und andere Weise der Welt neue Gedanken und Impulse brachten. Der Mensch mußte einige seiner alten Vorstellungen über Bord werfen. Die meisten Menschen sind kurzsichtig: sie meinen, ihr Verstand könne die Wahrheit erkennen und sie könnten genau sehen, was geschieht. Aber das ist nicht der Fall. Wir gehen von falschen Grundvoraussetzungen aus und schaffen dadurch zwischen den einzelnen Menschen und innerhalb der verschiedenen Gesellschaften der Welt sehr viel Konfliktstoff. Um wirklich bewußt und offen zu werden, müssen wir uns unsere eigenen Blockierungen anschauen. Wir müssen sehen, auf welche Weise wir durch unsere fest geprägten Grundvoraussetzungen unsere eigenen Probleme verursachen.

Annahmen und Vermutungen wirken als Filter. Es ist, als sähen wir uns die Welt durch einen Spiegel hindurch an, als sähen wir in derselben Weise unsere eigenen Annahmen als Realität zu uns zurückreflektiert. Oder, um eine andere Analogie zu benutzen: Wenn wir durch eine rosagetönte Brille sehen, dann wird die ganze Welt uns rosafarben erscheinen. Wir nehmen an, daß die Welt, in der wir leben, rosa gefärbt ist. Neben dem Ziel, in unserer Mitte zu sein, ist es eine wesentliche Aufgabe der Meditation, unsere Filter im alltäglichen Leben zu erkennen. Diese Form von Bewußtseinserweiterung nennen wir aktive Meditation.

Lassen Sie uns ein Beispiel aus dem täglichen Leben nehmen, das uns zeigt, wie Filter unsere Sichtweise einfärben.

Peter und Paul betrachten einander durch die Filter ihrer Wahrnehmungsfähigkeit hindurch. Peter ist im Grunde ein ziemlich gieriger Mensch, aber er weiß es nicht. Da er die Welt durch seinen Filterspiegel hindurch wahrnimmt, meint er, die anderen seien gierig. Peter erblickt, wenn er Paul anschaut, seine eigene Gier; er

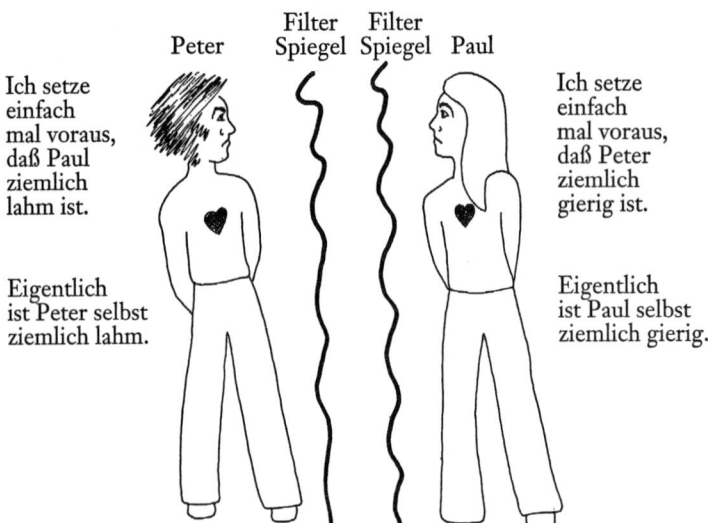

	Peter	Filter Spiegel	Filter Spiegel	Paul	

Ich setze einfach mal voraus, daß Paul ziemlich lahm ist.

Ich setze einfach mal voraus, daß Peter ziemlich gierig ist.

Eigentlich ist Peter selbst ziemlich lahm.

Eigentlich ist Paul selbst ziemlich gierig.

meint also zu erkennen, daß Paul gierig sei. Dieses Vorurteil wird dadurch bestärkt, daß Paul ihn um etwas bittet.

Paul ist im Grunde ziemlich lahm und unentschieden, aber er weiß es nicht. Paul glaubt, daß Peter ziemlich lahm sei, da dieser bei einer bestimmten Entscheidung zögert. »Mein Gott, man muß ihm wirklich einen Tritt in den Hintern geben. Er kann überhaupt keine Entscheidungen treffen«, sagt Paul. Pauls Frau kann jedoch ein Lied davon singen, daß Paul selbst große Schwierigkeiten hat, Entscheidungen zu treffen.

Diese Vermutungen werden hin und her jeweils auf den anderen projiziert. Paul ist in Peters Augen ein fürchterlich gieriger Mensch, und Peter ist in Pauls Augen fast vollkommen entscheidungsunfähig, obwohl sich die Sache in Wirklichkeit genau anders herum verhält. Zugleich entwickelt jeder von beiden aufgrund des eigenen, jedoch

Projektion

nicht bewußt erkannten Fehlers eine unglaubliche Wut auf angebliche Fehler, die er im anderen sieht und beurteilt. Die Wirkung: Verwirrung und Kommunikationsstörungen! Jeder spürt die Schwingungen von Wut und Ärger im anderen und steigert sich dadurch nur noch weiter in seinen eigenen Ärger hinein. Beide trennen sich mit dem Gefühl, angespannt und wütend zu sein.

Zus.-fassung Fassen wir zusammen. Unsere Filter dienen uns als Spiegel für unsere eigenen Probleme, aber im allgemeinen denken wir, es sei das Problem des anderen, das wir sehen. Dies nennt man Projektion. Wann immer wir entdecken, daß wir jemand anderen beurteilen, müssen wir lernen, den Finger auf uns selbst zu richten und zu sehen, ob wir selbst diesen Fehler haben. Vielleicht hat der andere diesen Fehler tatsächlich in stärkerem Maße als wir selbst, aber wir müssen, bevor wir ein Urteil fällen, zunächst

Ausflippen!

42

einmal bei uns selbst nachschauen. Ein guter Anhaltspunkt wäre folgender: Wenn das, was wir in jemand anderem sehen, uns selbst stört, dann gibt es wahrscheinlich bei uns ein Problem, an dem wir arbeiten müssen. Jeder von uns projiziert auf ganz ähnliche Weise wie Peter und Paul in unserem Beispiel. Wir können das Phänomen bei zwei Kindern beobachten, die sich gegenseitig beschimpfen; genau so auch bei streitenden Erwachsenen.

Dies war ein sehr simples Beispiel. Gewöhnlich gibt es sogar noch mehr zu entwirren, denn wir sehen den anderen nicht nur durch unseren eigenen Filter, sondern wir spüren auch den Filter des anderen, der ebenfalls zu uns zurückreflektiert. Zum Filter des anderen gehört sein Selbstbild und das Bild, das er von uns hat – mag es nun wahr sein oder nicht. Diese Eindrücke fügen unserer eigenen Färbung mehr Farbe hinzu. Wenn beispielsweise jemand über uns wütend wird, so könnten wir etwa sagen: »Mein Gott, bin ich wirklich so schlimm? Sieht er mich richtig? Kann ich selbst richtig sehen? Wer hat denn nun recht?«

Einige Menschen vertrauen dem Urteil anderer mehr als ihrem eigenen. Dies nennt man *Identifikation*; man identifiziert sich mit dem anderen Menschen. Einige Menschen weisen die Vorstellungen und Meinungen, die andere über sie haben, rigoros zurück. Beide Haltungen sind wenig hilfreich. Vielmehr sollte man den Filter-Spiegel-Prozeß verstehen und wahrnehmen lernen.

Beschreiben wir den Vorgang noch einmal mit anderen Worten. Es ist, als würden wir durch Filter von Bildern, intuitiven Erkenntnissen, Erinnerungen, Ideen, Gedanken, Befürchtungen, Hoffnungen, Sehnsüchten, kulturellen Konditionierungen und anderen festen Vorstellungen, die wir erworben haben, während wir heran- und in die Gesellschaft hineinwuchsen, hindurchschauen. Diese festen Vorstellungen beeinflussen die Perspektive, unter der wir Ereignisse, Objekte, die Natur und vor allem andere Menschen, die uns wiederum durch Filter wahrnehmen, sehen. Wenn wir durch ein dunkles Glas hindurchschauen, dann sehen wir den anderen Menschen dunkel und meinen schließlich, daß er auch wirklich so dunkel sei. Wir projizieren unsere eigenen Filter in das hinein, was wir sehen, ohne es überhaupt zu wissen.

Wenn wir in das komplexe Bewußtsein eines anderen Menschen eindringen, dann ist das so ähnlich, als gerieten wir in klebrigen Treibsand hinein – es sei denn, es würde uns gelingen, beherzt und gerade hindurchzuschreiten. Das Erkennen unserer Vorurteile, Projektionen und Identifikationen hilft uns, uns selbst und die anderen klarer zu sehen. Lassen Sie uns noch einige andere Beispiele anschauen.

Vermutungen und Annahmen: Ein Ehemann hat nicht von seinem Arbeitsplatz aus angerufen, um seiner Frau zu sagen, daß er später kommen würde; also nimmt die Ehefrau an, er habe ein Verhältnis mit seiner Sekretärin oder er sei in einen Unfall hineingeraten; sie macht sich deshalb schreckliche Sorgen. Oder ein Kind vermutet, daß es plötzlich von seiner Lehrerin nicht mehr gemocht wird: Sie habe, so meint es, so komisch dreingeschaut und es auch gar nicht aufgerufen. Diese Eindrücke sind sehr subtil. Welche Zweifel und Unsicherheiten stehen dahinter? Wenn wir noch sehr jung sind, dann kann unsere Unsicherheit daher kommen, daß wir uns mit der Unsicherheit unserer Mutter oder unseres Vaters identifizieren. Die verschiedenen Bewußtseinsinhalte verschiedener Menschen können miteinander verschmelzen und sich gegenseitig beeinflussen. Ebenso nimmt jemand vielleicht an, er habe den großartigsten Lehrer, Liebhaber, Führer, Meister oder Guru der Welt, da er sich sehr stark mit den Lehren dieses Menschen identifiziert hat oder aufgrund des guten Gefühls, das er in seiner Gegenwart empfindet. Schließlich kann er nicht mehr klar sehen: Er wird für alles andere und für alle anderen blind.

Wahrscheinlich hat jeder von uns das zu dem einen oder anderen Zeitpunkt schon einmal erfahren, dann nämlich, als wir einmal fest überzeugt waren, daß *unsere Art* die beste oder die einzige sei. Je liebevoller und bewußter wir unsere Individualität pflegen, desto mehr Liebe wird zu uns zurückkommen, und das wird wiederum unsere guten Gefühle verstärken. Auf diese Weise wächst Liebe, aber die Gefahr liegt darin, den gesamten Prozeß nicht zu durchschauen und andere *Möglichkeiten, andere Lebensformen* nicht mehr in Betracht zu ziehen oder allzu kritisch zu beurteilen.

Projektionen: Eine Ehefrau wünscht sich vielleicht außer ihrem Mann noch weitere männliche Freunde. Wenn sie also sieht, daß ihr Mann eine andere Frau anschaut, dann *nimmt sie an*, daß er sich eine Freundin wünscht. Sie projiziert ihre eigenen Gefühle auf ihn und wird eifersüchtig. Sie ist über ihn verärgert, obwohl er doch eigentlich nur das freundliche Lächeln jener anderen Frau bewundert hat. Diese unklaren, durch Filter hindurch wahrgenommenen Situationen können nur sehr selten durchschaut werden. Sie verursachen unangenehme Gefühle, oder sie bewirken, daß sich Ärger und Groll ansammeln. Eine klare Analyse der Situation könnte etwa dieselbe Wirkung haben wie das Öffnen der Büchse der Pandora. Wenn wir uns aber bei dieser Analyse von bestimmten Grundregeln leiten lassen, kann das sehr konstruktiv sein.

Identifikation: Eine Frau sieht sich eine Fernsehsendung an und identifiziert sich mit der Heldin der Seifenoper, die von ihrem Liebsten verlassen worden ist. Sie beginnt, mit der Heldin des Fernsehstücks zusammen zu weinen, als wäre sie selbst verlassen worden. Ein anderes Beispiel: Ein Vater identifiziert sich mit seinem Freund, der gerade Probleme mit seiner Familie hat. Er kommt heim und läßt die Frustrationen seines Freundes, die in ihm ebenfalls Gefühle von Frustration geweckt haben, an seiner eigenen Familie aus.

Identifikation ist an sich weder gut noch schlecht. Die Frage ist, was wir damit anfangen. Identifikation ist ein natürlicher Prozeß, der uns dabei helfen kann, anderen gegenüber eine größere Sensibilität zu entwickeln; aber wenn wir schwach sind, dann wird sie uns von unserer eigenen Mitte weg- und in die Mitte des anderen hineinziehen und unsere Sichtweise beeinflussen.

Ein Kind kann jeden Abend stundenlang wie hypnotisiert vor dem Fernsehapparat sitzen und sich mit den Gefühlen der verschiedenen Darsteller identifizieren. Es lacht, wenn irgend ein alberner Zeichentrick-Mann von einem Zeichentrick-Tier einen Schlag auf den Kopf bekommt, weil er etwas Dummes getan hat. Diese Art der Identifikation kann durchaus dabei helfen, einen gewissen Sinn für Humor zu entwickeln, aber allzu viel von dieser Kost kann abstumpfen. Das Kind wird sich vielleicht wegen eines Films über ein Ungeheuer schrecklich ängstigen; es hat möglicherweise Alpträume oder fürchtet, erschossen oder erwürgt zu werden, weil es sich eine allwöchentliche Polizeiserie vor dem Zubettgehen im Fernsehen angeschaut hat, in der es sich mit dem Opfer identifizierte. Alle diese Identifikationen konditionieren das Bewußtsein und schaffen Filter.

Auch wenn wir uns vor negativer Konditionierung fürchten, sollten wir uns nicht vor dem Leben verstecken, aber wir sollten es lernen, uns mehr auf unsere eigene Mitte zu verlassen und durch den Spiegelungs-Filtrierungsprozeß hindurchzuschauen. Es mag als eine schwierige oder sogar hoffnungslose Aufgabe erscheinen, Filter zu durchschauen. Wenn wir uns darüber klar sind, daß wir bei uns selbst anfangen müssen und wenn wir beobachten, wie Gedanken und Gefühle entstehen und was sie in uns verursachen, dann kommen wir allmählich weiter.

Wenn wir in unsere Mitte hineingehen und meditieren, dann hilft uns das, die Filter zu erkennen und durch sie hindurchzusehen. Wir empfinden eine tiefe Freude darüber, daß wir uns immer besser kennenlernen. Während wir wachsen, entwickeln wir Verständnis und Mitgefühl für die, die sich selbst gegenüber noch blind sind.

Selbst Anfänger können Meditation sofort nutzen, um verwirrende Probleme schon in dem Moment zu lösen, in dem sie auftauchen. Nehmen wir ein Beispiel. Unser Freund Robert hat bestimmte Gewohnheiten, die uns ärgern und stören. Er leiht sich häufig Kleidung oder Geld und vergißt dann das, was wir ihm geliehen haben, wieder zurückzugeben. Wir müssen ihn mehrmals erinnern, bevor wir unser Eigentum zurückbekommen. Statt uns zu ärgern und uns innerlich zu verkrampfen, beobachten wir den Fluß unserer Gedanken und nutzen unsere Energie, um zu meditieren. Wir atmen tief ein und entspannen uns. Wir stoppen unsere Gedanken, die immer wieder um denselben Punkt, die Sorge um unser Geld oder unseren Pullover, kreisen. Wir hören auf, darüber nachzugrübeln, ob wir ihm dieses Mal nicht heftige Vorhaltungen machen oder doch lieber keinen Streit riskieren wollen.

Wenn wir ein Problem haben, dann spult unser Verstand fast immer wieder das gleiche Band ab, bis wir uns entscheiden, entweder aktiv zu werden oder die Angelegenheit zu vergessen. Als nächstes bewegt sich unser Denken vielleicht in irgendeine andere Richtung, entsprechend der Aktion, für die wir uns entschieden haben. Wenn wir Robert wirklich Vorhaltungen machen, dann beginnen unsere Gedanken vielleicht vor lauter Sorge und Schuldgefühlen sich im Kreis zu drehen; wir fürchten, daß wir ihn verletzt haben könnten. Wir machen eine Meditationsübung, denn durch die Meditation befreien wir uns von solchen festgefahrenen Denkmustern. Beim Meditieren sind wir nicht durch Vorurteile, Projektionen, Identifikationen oder persönliche Reaktionen und Einstellungen blockiert. Mit anderen Worten: es gelingt uns, unserem kleinen Selbst und seinen Filtern zu entrinnen, und wir sind nicht länger verwirrt. In diesem klaren, friedlichen Raum, der sich in uns aufgetan hat, können wir jetzt Robert und die Gründe für einige seiner Handlungsweisen deutlicher erkennen. Wir können auch uns selbst klarer sehen: warum wir uns über ihn aufregen und ihm trotzdem bestimmte Dinge leihen. Wir durchschauen plötzlich die Situation, und die Lösung kommt ganz klar in unser Bewußtsein. In diesem Fall erkennen wir, daß Robert ohnehin immer ziemlich zerstreut ist und daß wir ihn im Grunde als Freund sehr schätzen. Er hat viele sehr gute Eigenschaften, und er hat wahrhaftig nichts Böses im Sinn. Wir erkennen, auch wenn das für uns ein wenig schmerzhaft ist, daß wir selbst Geld und Kleidung maßlos wichtig nehmen und daß dies unsere Meinung über Robert stark beeinflußt. Unter diesem Blickwinkel erscheint uns unser alter Freund plötzlich nicht länger als gierig. Wir machen uns klar, daß wir unsere eigene Gier auf ihn projiziert haben. Wir fühlen uns jetzt besser, denn wir sehen die Situation weitaus klarer. Wir entschließen uns, mit Robert über diese Erkenntnis zu sprechen, und sind überrascht, daß uns das einander sehr viel näherbringt. Wir haben Wahrheit und klare Erkenntnisse über uns selbst und über Robert gewonnen.

Jedesmal, wenn wir auf diese Weise ein Problem lösen, stärken wir unsere individuelle Urteilskraft und unsere Selbstachtung. Vielleicht sagt jetzt der eine oder andere: »Nun, das mache ich auch schon ohne Meditation.« Aber bis zu dem Zeitpunkt, wo wir unsere Ego-Persönlichkeit ganz und gar im Griff haben, unseren Geist, unsere Gefühle und unseren ruhelosen Körper, und wo wir, wenn wir es wollen, über sie und über ihre Filter hinauswachsen, brauchen wir die Meditation.

Das Wunder der Meditation ist, daß wir dabei Filter transzendieren können und in einen Zustand des Friedens und des Wohlbefindens gelangen, und zwar gleich zu Beginn der Übungen. Wir werden dabei höhere Dimensionen der Intelligenz erkennen können und die Liebe, die Energie und die Kraft erfahren, die von weisen Sehern und Propheten der Quelle allen Seins zugeschrieben wird. Es ist dieser Kontakt, der uns den Schwung und das Gefühl der Zufriedenheit gibt, das bewirkt, daß wir den Weg der Selbstentdeckung weitergehen. Ganz allmählich, während wir immer mehr wir selbst werden, gelangen wir in den Bereich der *zentralen Sonne*. Dies bedeutet Selbstverwirklichung. Der Verstand wird frei und hört auf, uns zu behindern.

Um die Definition eines großen Lehrers zu benutzen: »Meditation bedeutet, unseren eigenen heißen Draht zur Unendlichkeit zu entwickeln.«

Während wir meditieren, fragen wir uns immer wieder, ob uns die Antworten, die wir auf unsere Fragen finden, wirklich von unserem höheren Selbst eingegeben werden, oder ob sie nicht vielleicht auch nur ein Produkt eines unserer Filter sind. Die einzige Möglichkeit, dies herauszufinden, ist, diese Antworten zu testen und zu sehen, ob sie in unserem täglichen Leben anwendbar sind. Es ist sinnlos, nur einfach anzunehmen, daß sie wahr wären. Sie mögen uns als wahr erscheinen, aber von einer aufgeklärteren Sichtweise aus sind sie vielleicht überhaupt nicht wahr. Wenn die Antworten wirklich in unserem Leben anwendbar sind, dann lernen wir, unserem inneren Wissen zu vertrauen. Wenn es nicht zutrifft, dann müssen wir den Grund dafür herausfinden. Eine Möglichkeit, diesen Grund herauszufinden ist, sich auf ein Problem zu konzentrieren, das sehr belastend und verwirrend ist und das man bisher nicht hat lösen können. Meditieren Sie und gehen Sie in Ihre Mitte. Entfernen Sie sich von Ihren rastlosen Gedanken mit Hilfe der Methode, die wir im ersten Kapitel beschrieben haben, oder mit Hilfe einer anderen Methode, die Ihnen persönlich Erfolg verspricht. Im Zustand der tiefen inneren Ruhe fragen Sie Ihr wahres Selbst nach der wirklichen Antwort oder Lösung. Seien

Sie offen für das, was Ihnen jetzt einfällt und schreiben Sie alles auf, was Ihnen an Gedanken oder Ideen in den Sinn kommt. Lassen Sie in diesem Augenblick keine Zweifel und Vorbehalte zu, warten Sie vielmehr, bis alles, was kommen will, an die Oberfläche getreten ist. Hinterher überprüfen Sie die Antwort. Sie kann auch jetzt noch ein Produkt Ihrer Filter sein. Aber wenn diese Antwort oder Lösung Ihnen plausibel erscheint, dann probieren Sie sie einfach aus. Nach einiger Übung werden Sie wissen, wann Sie die richtige Antwort bekommen, denn zusammen mit jener richtigen Antwort stellt sich ein Gefühl der Gewißheit und der Erleichterung ein. Es bedarf jedoch einiger Übung, das Bewußtsein von seinen Filtern zu befreien. Denken Sie nur einmal daran, wie viel Zeit Sie gebraucht haben, bis es schließlich so konditioniert war, wie es jetzt ist.

Zu den typischen Lebensproblemen vieler Erwachsener und Kinder gehören Langeweile und eine innere Leere. Wir versuchen uns durch Parties, Spiele, Drogen und ähnliches zu stimulieren, damit wir uns nicht mit uns selbst langweilen. Meditation wirkt auf unser Nervensystem, aber nicht als Zerstreuung wie das Fernsehen oder als Fluchtmöglichkeit wie die meisten Drogen. Sie stimuliert unser kreatives Potential, während sie zugleich unsere Persönlichkeitsfilter auflöst. Allmählich lernen wir es, uns mit der *Quelle* des Seins anstatt mit der Persönlichkeit zu identifizieren.

Häufig sind Nicht-Meditierende der Meinung, nur verwirrte Menschen mit großen Problemen würden meditieren. Diese Ansicht ist falsch. Es ist richtig, daß viele Menschen meditiert haben, um eine Lösung für schwierige Probleme zu finden, es zeugt aber von Ignoranz, anzunehmen, daß Meditation nur für verwirrte Menschen oder Menschen in großen Schwierigkeiten gut sei. Es mag wahr sein, daß Menschen, die meditieren, sich der Probleme und Verwirrungen, die das menschliche Bewußtsein heimsuchen, deutlicher bewußt sind und daß sie entschlossen sind, den Gründen nachzuspüren und sie zu korrigieren. Viele Menschen meinen, Meditierende würden sich dem Leben und der Gesellschaft entziehen. Sie haben eine falsche Vorstellung von der eigentlichen Bedeutung der Meditation im evolutionären Prozeß. Der eigentliche Zweck der Meditation ist es, uns dazu zu befähigen, das Leben und das Zusammenleben der Menschen klar wahrzunehmen und uns mit Energie und Erleuchtung zu erfüllen, um die Probleme unseres Lebens zu lösen.

In dem Maße, in dem wir fähig werden, unsere Probleme zu lösen, wird das individuelle Bewußtsein sich immer mehr öffnen, um mehr vom Bewußtsein des Universums zu erfahren, und es wird die Grenzen der Zwanghaftigkeit und des Egos überschreiten.

Gehen Sie bei nächster Gelegenheit einmal nach draußen und setzen Sie sich eine Weile lang bequem hin. Schauen Sie sich nur das Gras an. Stellen Sie sich vor, Sie selbst würden sich in Gras verwandeln. Sie fühlen sich jetzt wie Gras; sie wiegen sich sanft im Wind hin und her. Das Gras erscheint Ihnen leuchtender; es hat plötzlich eine ganz besondere, individuelle Qualität. Fühlen Sie Ihre eigene, leuchtend grüne Farbe; vielleicht auch einen Hauch Kühle oder Feuchtigkeit, obwohl der Tag gerade sehr heiß ist. Kommunizieren Sie mit dem lebendigen Gras und spüren Sie, wie wunderbar gesund und makellos es ist. Spüren Sie, daß Sie selbst und das Gras ein Teil des Universums sind. Konzentrieren Sie sich auf dieses Gefühl, bis sie es wirklich ganz tief in Ihrem Innern empfinden können. Sie haben jetzt mit der Quelle Kontakt aufgenommen, die das Gras und Sie selbst gleichermaßen mit Leben erfüllt. Sie können jetzt Ihre Bewußtheit ausdehnen und auf diese Weise mit dieser *Quelle* auch in anderen Seinsformen in Kontakt kommen; Sie erkennen sie in Bäumen, in Vögeln und allem Lebenden, und Sie werden sich bewußt, daß sie die wahre Natur aller Geschöpfe ausmacht und aus ihnen herausstrahlt. Machen Sie diese einfache Übung langsam und gründlich.

Wenn wir uns gelangweilt oder frustriert fühlen, dann haben wir den Kontakt mit unserem wahren Selbst verloren. Dann sind wir von der Quelle getrennt, die uns mit allem anderen und mit allen anderen Lebewesen verbindet. Unser Leben wird uns als bedeutungslos und als wenig erfüllt erscheinen – wir können keine Liebe oder Freude mehr empfinden.

Mit Meditation haben wir den Schlüssel in der Hand, um, wann immer wir es möchten, die Tür zu unserer Vitalität aufzuschließen. Wir lösen eine Weile lang die Filter auf, die unsere Sicht behindern, und schaffen Raum, so daß das Leben in uns hereinfließen kann. Die Quelle ist immer da und wartet darauf, daß wir sie anzapfen und daß wir unser Potential entwickeln. Wir lassen uns auf ein aufregendes Abenteuer ein. Wir wissen nicht im voraus, was geschehen wird. Es ist sicher gut, Wachstum zu erwarten; dennoch müssen wir uns hüten, die Entwicklung durch unsere Ungeduld zu behindern. Ungeduld und Frustration sind ebenfalls Filter. Vergessen Sie nicht: Meditation kann nur dann erfolgreich sein, wenn wir, die Meditierenden, unsere kleinen, abgetrennten, individuellen Egos vergessen können. Sie wird für uns zu einer Art Liebesaffäre, da sie uns mit dem wahren *Selbst*, dem *Einen*, das uns mit den anderen verbindet, in Kontakt bringt. Wir erkennen, daß es das Eine ist, was alle Lebewesen untereinander verbindet, daß die Liebe, die wir empfinden und die wir erfahren, aus diesem *Einen* herausströmt.

Wenn wir diese neue Liebesbeziehung eingehen wollen, dann müssen wir uns der Schwierigkeiten bewußt werden, mit denen jeder Meditierende irgendwann einmal konfrontiert ist. Wir dürfen durchaus sehr viel von der Meditation erwarten, aber wir müssen zugleich die

Schritte auf dem Wege zu erfolgreichen Meditationsübungen sehr realistisch betrachten.

Manchmal haben wir vielleicht das Gefühl: Puh! Heute habe ich wirklich keine Lust zu meditieren. Gerade dann brauchen wir die Meditation am dringendsten. Sie hat immer eine positive Wirkung. Wir fühlen uns lahm und träge und haben eigentlich keine Lust, aber wenn wir gerade in solchen Momenten sehr diszipliniert sind, werden wir anfangen, unsere innere Trägheit zu überwinden. Wenn wir nicht meditieren, identifizieren wir uns mit unseren negativen Gewohnheiten und nicht mit der Freude, die uns erfüllt, wenn wir die Arbeit tun.

Wenn wir tatsächlich aufhören zu meditieren, dann haben wir schon sehr bald das Gefühl, daß wir wieder in unsere alten Gewohnheiten zurückfallen und daß wir unglaubliche Anstrengungen machen müssen, uns an unserem eigenen Haarschopf wieder aus dem Sumpf zu ziehen. Häufig haben wir keine Lust, uns zu bemühen, aber während ein Tag nach dem anderen vergeht, quält uns das Gefühl, daß wir etwas verpassen.

Eine andere Gefahr liegt darin, daß wir meinen, wir würden überhaupt keine Fortschritte machen oder daß wir einschlafen anstatt zu meditieren. Dies sind Erfahrungen, die alle Meditierenden machen; unsere Vermutung, wir würden keine Fortschritte machen, muß aber nicht richtig sein. Unsere Seele arbeitet nach ihren eigenen Gesetzen. Sie kann stärker werden, ohne daß wir es wissen. Es kann auch sein, daß wir begeistert sind von der Energie, die wir in uns spüren, und daß die Resultate, die wir dann wirklich erzielen, uns belanglos erscheinen. Unsere Disziplin läßt nach, denn wir haben das Gefühl: Oh, ich bin in guter Verfassung; heute brauche ich wirklich keine Übungen zu machen. Vielleicht versäumen wir genau in dem Moment unsere Übungen, in dem unsere seelische Energie uns eigentlich zu unserer nächsten Entwicklungsstufe hinführen würde.

Wenn wir aus irgendeinem dieser genannten Gründe aufhören, dann sind wir aufs Glatteis geraten, und noch bevor wir uns dessen bewußt werden, liegen wir auf der Nase. Entweder ziehen wir uns dann immer wieder an unserem eigenen Haarschopf hoch, bis wir sehen, wie das Ganze funktioniert, und wir machen unsere Übungen, gleichgültig, was auch geschehen mag, oder wir geben das Meditieren auf und haben das Gefühl, versagt zu haben. In jedem Fall haben wir bereits von dem süßen Apfel gekostet, und wir werden in Zukunft wahrscheinlich von einer leisen Unzufriedenheit, die aus unserem wahren Selbst kommt, heimgesucht werden.

Wenn wir wirklich durchzuhalten entschlossen sind, dann werden wir die Meditationsübungen schließlich ohne Anstrengung bewältigen können – so, wie wir ohne Anstrengung essen oder unsere Zähne putzen. Wir lernen, wie Energie fließt. Nach einer Weile werden wir die Übungen und das Ritual der Meditation als Weg zum geistigen Wachstum nicht mehr brauchen. Sie gehen uns in Fleisch und Blut über, und wir profitieren davon zu allen Zeiten. In allem, was wir tun, liegen Elemente der Meditation. Aber wir müssen aufpassen, daß wir uns nicht selbst etwas vormachen und fälschlich meinen, wir hätten das Ziel bereits erreicht.

Heranwachsen mit der Meditation

Vom Tag der Geburt an wird ein Kind fortwährend von seiner Umgebung beeinflußt. Wer weiß, welche Wirkungen die Einstellungen und die Stimmungen unserer Mütter auf uns hatten, als wir noch ein Säugling waren, oder vielleicht sogar schon im Mutterleib? Als Kleinkinder sind wir offen und registrieren die Gefühle und Gedanken unserer Mütter und Väter durch Telepathie. Diese ersten Eindrücke beginnen allmählich, unsere eigene Sichtweise zu formen. Während wir aufwachsen, nehmen wir die

Einflüsse unserer Brüder, Schwestern, Freunde, der Kultur, Gesellschaft, Schule, Lehrer, des Fernsehens, Radios, der Nachrichten und dergleichen in uns auf. Alle diese Einflüsse formen unser Bewußtsein. Einiges weisen wir zurück, einiges verdrängen wir, mit einigem identifizieren wir uns oder akzeptieren es, abhängig davon, ob es uns Schmerz oder Vergnügen bereitet, ob wir dabei Sicherheit oder Unsicherheit empfinden. So entwickelt sich allmählich unser Ego, das Gefühl, ein von anderen getrenntes Ich zu sein. Unsere individuelle Persönlichkeit entsteht. Wir verlieren den Kontakt mit dem reinen Bewußtsein, mit dem wir zur Welt kamen.

»Ego« ist heutzutage ein sehr häufig gebrauchtes Wort, aber viele Menschen verstehen nicht, was es bedeutet. Unser Ego setzt sich aus vielen verschiedenen Filtern zusammen, die wir von dem Augenblick an, in dem wir geboren werden, nach und nach entwickeln. Während diese Filter einer nach dem anderen entstehen, identifizieren wir uns mit ihnen und denken: dies bin also ich! Fast alle Menschen, groß oder klein, die wir fragen: »Wer sind Sie?«, antworten: »Ich bin ich, ich bin mein Körper, dies bin ich«, und zeigen auf ihren Körper. Aber das ist eine falsche Vorstellung. Es ist, als käme ein Engel, der mit dem ganzen Universum verbunden ist, zur Erde, zöge sich die Kleidung eines Gefangenen an und sagte dann: »Ich bin ein Gefangener«, begänne, wie ein Gefangener zu handeln und würde dann vollständig vergessen, daß er ein Engel ist. Das Ego ist nichts anderes als der Schatten des wahren Selbst. Die vielen Milliarden menschlicher Egos sind vergleichbar mit verkorkten Flaschen, die auf dem Ozean treiben und nicht das Gefühl haben, untereinander verbunden zu sein.

Je stärker wir uns mit unserem Ego als unserem wahren Selbst identifizieren, desto größere Angst haben wir, es loszulassen. Uns scheint, als würden wir uns dadurch selbst zerstören. Wir haben jenes Ego aufgebaut, und wir sind stolz darauf. Aber in Wahrheit bedeutet das Loslassen unseres Egos nichts anderes, als das falsche Bild unserer selbst zu zerstören, so daß wir schließlich zu unserer wahren Individualität finden können. Das wahre Individuum ist kein Egoist, sondern es ist befreit vom Ego, es ist mit allem eins. Das Wort »Individuum« bedeutet »unteilbar«, es bedeutet eins mit allem anderen.

Warum entwickeln wir denn überhaupt ein Ego, wenn wir uns schließlich wieder davon befreien wollen? Damit wir wahre Meister werden können. Nur dann können wir die Grenzen unseres Egos überschreiten. Das Ego führt uns nach oben und nach unten und immer wieder durch Freuden und Schmerzen hindurch, bis wir lernen, wie es funktioniert, bis wir Wahrheit und Unwahrheit unterscheiden können. Dann werden wir ein wahrer Lebenskünstler, da wir die Kunst des Lebens gemeistert haben.

Ein Kind, das jeden Tag in der richtigen Weise meditiert, hält den Kontakt mit seinem wahren Selbst, das niemals durch äußere Umstände konditioniert wird, das immer rein bleibt. Es ist nicht ständig wechselnden Einflüssen ausgesetzt. Das bedeutet nicht, daß es anderen Menschen gegenüber unsensibel oder verschlossen wäre, sondern vielmehr, daß es sehr viel weniger außerhalb seiner selbst nach Autorität, Sicherheit und Bestätigung zu schauen braucht. Es hat seine eigenen Quellen der Inspiration und der Lebensfreude entdeckt und ist nicht so sehr abhängig von den üblichen äußeren Stimulantien, die täglich auf Kinder einwirken. Es hat eine innere Kraftquelle, die ihm hilft, kluge Entscheidungen zu treffen. Durch diesen Kontakt mit seinem wahren Selbst bleiben seine Gedanken und seine Sichtweise klar. Es wird gewiß immer noch den Einflüssen anderer Personen ausgesetzt sein, aber da dieses Kind stark ist und in seiner Mitte lebt, wird es viele Eindrücke ganz einfach durch sich hindurchfließen lassen, ohne daß diese seine Wahrnehmung in der einen oder anderen Weise beeinflussen würden und seine Sichtweise der

Realität durch farbige Filter verfälscht würde. Je jünger das Kind ist, wenn es mit dem Meditieren beginnt, desto leichter wird es seine innere Klarheit bewahren können.

Während das Kind immer besser meditieren lernt, entwickelt es ein anderes wichtiges Werkzeug zur Bewältigung des Lebens: Konzentrationsfähigkeit. Konzentration ist die Fähigkeit, eine Weile lang die Aufmerksamkeit auf etwas Bestimmtes zu richten. Bei der Meditation ist die Aufmerksamkeit auf das tiefste, innerste Selbst, das Zentrum gerichtet. Stellen wir uns einmal vor, daß unsere hin- und herwandernde Aufmerksamkeit einem negativen elektrischen Strom ähnelt – und unsere innere Mitte einem positiven. Wenn durch Konzentration dieser negative Strom mit der positiven Mitte in Verbindung tritt, dann schließt sich der Kreis, und starke Energie, starke Bewußtheit durchströmt uns.

Die Disziplin, die nötig ist, um einem Kind beizubringen, sich bei der Meditation zu konzentrieren und tief in sein Zentrum hineinzugehen, um jenen Energiestrom wahrzunehmen, wird erkennbare Wirkungen auf seine Persönlichkeit und auf seine Aktivitäten haben. Wenn das Kind eine überdurchschnittliche Konzentrationsfähigkeit entwickelt, wird es in allen Bereichen mehr leisten. Auf welches Problem es auch seine Aufmerksamkeit richten mag, es ist fähig, Wesentliches daraus zu lernen. Das Kind, das zu meditieren gelernt hat, kann, unterstützt durch eine liebevolle Familie, alle offensichtlichen und unterschwelligen Zerstreuungen ignorieren und Probleme lösen, an denen andere Kinder scheitern. Für hyperaktive, zurückgebliebene oder behinderte Kinder kann die Meditation neue Entwicklungsmöglichkeiten bieten. Das gleiche gilt für durchschnittlich oder überdurchschnittlich begabte Kinder. Neue Bereiche des Gehirns werden geöffnet, die nur wenige Menschen jemals aktiviert haben.

Die Resultate sind bei Kindern oftmals sehr schnell sichtbar. Sie haben sehr viel weniger abzubauen oder zu entwirren als Erwachsene. Meditation ist für westliche Menschen etwas Neues; für Kinder gibt es fast keine Anleitungen dazu. Wer Kindern Meditation nahebringt, hilft ihnen, viele Gefühlsverwirrungen von vornherein zu vermeiden und viele der Gefühlskonflikte, die sich tatsächlich ergeben, zu kurieren. Natürlich ist Meditation nicht das einzige notwendige Hilfsmittel; eine verständnisvolle familiäre Umgebung ist ebenfalls sehr wichtig. Auf jeden Fall kann Meditation für viele Kinder genau das Hilfsmittel sein, das sie brauchen. Wenn Sie sich wirklich mehr Kontakt und einen freieren Austausch von liebevollen Gefühlen mit Ihren Kindern wünschen, dann fangen Sie an, gemeinsam zu meditieren.

Die meisten Eltern, Lehrer und Kinderpsychologen sind sich nicht bewußt, daß sie eine der wertvollsten Chancen, die psychische Gesundheit eines Kindes zu verbessern, ungenutzt lassen. Wenn wir einmal sechsjährige Kinder in einer Meditationsgruppe beobachten, sehen wir wunderbare Dinge geschehen. Eine nicht-meditierende Mutter meinte dazu: »Ich weiß nicht, ob es auf Meditation oder auf irgend etwas anderes zurückzuführen ist, aber die Konzentrationsfähigkeit meines Sohnes ist sehr viel besser geworden, seitdem er in diese Gruppe geht. Man kann das bei allem, was er tut, beobachten; auch seine Leistungen in der Schule haben sich sehr verbessert.« Dies Kind galt als außerordentlich nervös und hyperaktiv, und es hatte acht Wochen lang jeden Sonntag zwei Stunden lang an einer Lerngruppe für Meditation und Wahrnehmungsspiele teilgenommen. Eine andere Mutter berichtete, wieviel ruhiger ihre Tochter geworden sei und wieviel glücklicher sie zu sein schien. Eine dritte Mutter erwähnte, daß ihre Tochter jetzt sehr viel stärker auf die Gefühle anderer Menschen eingehe. Nur die Gelegenheit, einmal ganz ruhig zu werden, mit sich selbst in Kontakt zu kommen und fähig zu sein, die innersten Gefühle auszudrücken und sich mit anderen Kindern darüber auszutauschen, gab ihr ein deutlicheres Bewußtsein dessen, was in anderen Menschen vorgeht.

Dies sind nur einige wenige Beispiele. Die Resultate sind vielleicht nicht immer sofort offensichtlich. Sie können kaum wahrnehmbar sein. Häufig werden sie plötzlich sichtbar, wie ein Keimblatt, das durch das Erdreich stößt.

Für Kinder aller Altersgruppen ebenso wie für Erwachsene ist es wichtig, daß die Energie, die sie in den Zentrierungs-Meditationen empfangen, in Aktivität umgewandelt wird; dadurch wird eine ausgeglichene Entwicklung gefördert. Die Techniken, die in diesem Buch vorgeschlagen werden, verhelfen zu einem kraftvolleren seelischen Wachstum.

Das Endziel

Das Endziel der Meditation ist, sich vollkommen des evolutionären Entwicklungsprozesses in sich selbst bewußt zu werden. Während wir spüren, daß wir uns öffnen und entwickeln, beginnen wir auch, die Entwicklung der Welt um uns herum zu beobachten. Das, was wir den »Spiegeleffekt« nennen, ist ein überall deutlich erkennbares Phänomen. Wir werden, während wir wachsen, immer klarer beobachten, daß das, was in uns ist, zu uns zurückreflektiert wird. Wir werden immer wieder ganz deutlich spüren, daß es *keine wirkliche Trennung* zwischen uns selbst und den anderen gibt. Jede ungewöhnliche oder mystische Erfahrung, die wir machen, müssen wir so betrachten: als Auswirkung des Prozesses des Wachsens, des Sich-Selbst-Werdens. Wunder, psychische Erfahrungen, Visionen und andere Vorgänge sind allesamt Aspekte der Entwicklung. Aber sich auf irgendeines dieser Ziele als Selbstzweck zu konzentrieren, bedeutet ein Abweichen von dem wirklichen Ziel des Einsseins. Wenn wir im Zustand des Einsseins sind, dann bekommen religiöse Lehren wie »Gott ist Liebe«, »Gott ist überall« oder

»Gott ist in uns« einen Sinn, und sie werden für uns persönlich anwendbar.

In der Vergangenheit haben viele Menschen das spirituelle Potential des Menschen erkannt und sich entschieden, dieses Potential in sich selbst zu entwickeln, das weltliche Leben zu verlassen und in ein Kloster einzutreten. In jüngster Zeit haben viele Menschen einen Lehrer oder Guru gefunden, der sie gelehrt hat, sich intensiv mit den Problemen dieser Welt zu befassen und zugleich gelassen zu sein. Die ganze Menschheit muß sich heute der Herausforderung stellen, den Weg der Evolution zu gehen oder aber in unüberwindlichen ökonomischen, politischen und sozialen Schwierigkeiten, die sich aufgrund der kollektiven Filter der Menschheit immer weiter aufgetürmt haben, zu versinken. Diese Schwierigkeiten resultieren daraus, daß der Mensch sein wahres Selbst nicht kennt. Wir müssen Lösungen finden, die für Menschen, die in der heutigen Gesellschaft leben, praktikabel sind.

Wer sich danach sehnt, wirklich frei zu sein, sollte am besten einen Lehrer suchen, der sich selbst bereits zu dem aufgeklärten Zustand hin entwickelt und eine Art Kursus für den Weg zur persönlichen Entwicklung anzubieten hat. Häufig wird gefragt: »Warum kann ich es nicht ganz allein erreichen?« Die Antwort ist einfach, aber irgend etwas in uns sträubt sich, will sie häufig nicht hören und blockiert unsere Fortschritte. Ein Lehrer, der seinen eigenen Weg freigeräumt hat, kann uns helfen, unsere eigene Dunkelheit sehr viel schneller zu durchdringen. Ohne einen Lehrer und ohne Techniken, die sich als erfolgreich erwiesen haben, ist es, als würden wir im Finstern herumtappen. Vielleicht finden wir irgendwann den Lichtschalter, aber es kann eine ziemlich lange Zeit dauern.

So, wie wir uns einbringen müssen, wenn eine tiefe Liebesbeziehung entstehen soll, so müssen wir auch unser Selbst einbringen, damit unsere Liebesbeziehung mit der Einheit des Universums gelingt.

Drittes Kapitel

Meditation in der Familie

In diesem Buch wollen wir Menschen aller Altersklassen eine neue Sichtweise nahebringen. Um Kinder zur Meditation und zur Bewußtseinsentwicklung anleiten zu können, müssen wir Erwachsenen mehr darüber wissen, wie unsere eigenes Bewußtsein funktioniert. So ähnelt unsere Exploration in diesen ersten Kapiteln dem Schauen durch das Auge der Kamera und dem Aufnehmen eines Films über einige der Gedanken und Gefühle, die in der Innenwelt von Menschen ablaufen. Während wir mit diesen Untersuchungen beschäftigt sind, können wir uns selbst auf ganz neue Weise kennenlernen.

Durch unsere »Nahaufnahmen-Linse« entdecken wir, daß Menschen sich selbst nicht kennen und daß sie die Dinge durchaus nicht in kristallener Klarheit wahrnehmen. Das individuelle Ego und seine erworbenen Filter scheinen der unverfälschten Wahrnehmung fortwährend im Wege zu stehen. Wir beurteilen diese Tatsache nicht; sie ist weder gut noch schlecht, weder richtig noch falsch: so ist es eben. Der Mensch wird auch weiterhin in diesem halb bewußten Zustand verharren, bis er sich entschließt, ihn durch Beherrschung seines Ego, seines kleinen, persönlichen Selbst, zu ändern.

Das Rein-Werden und das Rein-Bleiben

Das Rein-Werden ist der Prozeß der Beherrschung des Egos, und unsere Fähigkeit, rein zu bleiben, ist der Beweis für unseren Erfolg. Wie können wir unsere gegenwärtige Lebenssituation, unser Familienleben nutzen, um rein zu werden und rein zu bleiben? Zunächst müssen wir akzeptieren, daß unsere Familiensituation, wie auch immer sie aussehen mag, unser seelisches Wachstum fördert. Wo auch immer wir uns befinden: Wir sind dort, weil ein Teil unseres Bewußtseins uns dort hingebracht hat und uns dort festhält. Wir haben unsere Lebensumstände an uns herangezogen wie ein Magnet Eisen anzieht, durch unsere eigenen bewußten und unbewußten Sehnsüchte, Schuldgefühle, Befürchtungen, Gewohnheiten und Glaubenssätze. Alle Menschen, die durch die Beherrschung des Egos höhere Ebenen des Bewußtseins erreicht haben, haben eines erkannt: daß irgendwo in den verborgenen Winkeln unseres unterbewußten Selbst die Ursachen für unsere jeweilige Lebenssituation zu finden sind. Diese Ursachen wirken als kraftvolle Ströme innerer Energie, die unsere Lebensumstände schaffen und anziehen, seien

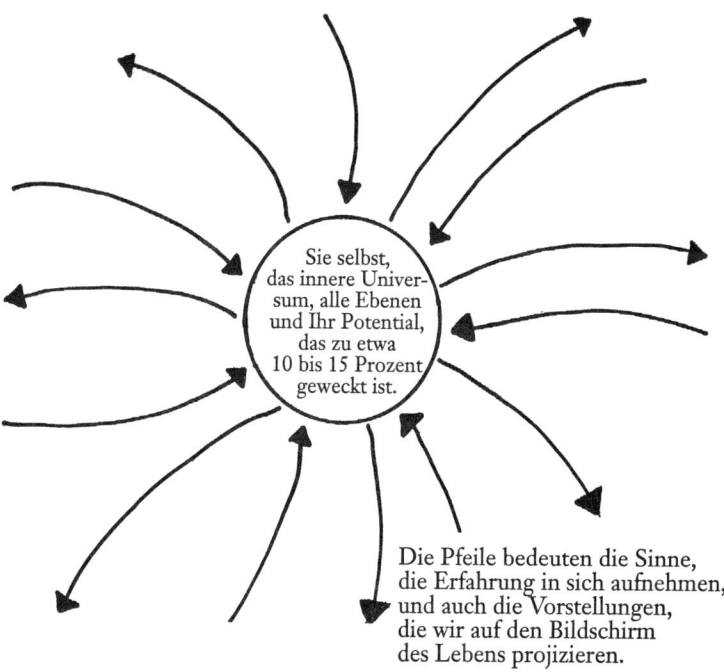

Sie selbst,
das innere Universum, alle Ebenen
und Ihr Potential,
das zu etwa
10 bis 15 Prozent
geweckt ist.

Die Pfeile bedeuten die Sinne,
die Erfahrung in sich aufnehmen,
und auch die Vorstellungen,
die wir auf den Bildschirm
des Lebens projizieren.

sie nun von Freude oder von Schmerz bestimmt. Um zu sehen, wie diese Ströme in uns selbst arbeiten, brauchen wir sehr viel Bewußtheit und Selbstanalyse. Wir können es lernen, unsere Lebenssituation als einen Spiegel zu nutzen, um in unsere eigene Natur hineinzusehen.

Alles, was wir erfahren, erhält durch unser individuelles Bewußtsein seine besondere Tönung. Was wir auf dem Bildschirm des Lebens sehen, ist die Spiegelung unseres eigenen Bewußtseins: wir können uns selbst darin entdekken. Das Leben ist wie ein gigantisches Fernsehprogramm, an dem wir gerade in diesem Augenblick teilnehmen. Wir brauchen uns nicht in unseren Wohnzimmern fortwährend vom Opium Fernsehen benebeln zu lassen, wenn wir es lernen können, ein erfülltes Leben zu leben. Wir müssen es lernen, uns unserer Reaktionen auf andere Menschen bewußt zu werden und die Antwort auf die Frage zu finden, warum wir so handeln, wie wir es tun. Während wir uns mehr und mehr kennenlernen, reinigen wir unser Bewußtsein und bekommen dann ein klareres Bild des Lebens zurückgespiegelt.

Da nur zehn bis fünfzehn Prozent unserer Gehirnzellen funktionieren, können wir nur begrenzte zehn bis fünfzehn Prozent dessen, was wirklich im Universum vor sich geht, wahrnehmen. Wenn wir einhundert Prozent unseres Gehirnpotentials nutzen könnten, dann würden wir die Welt mit anderen Augen sehen.

Die Verletzungen und Schmerzen, die das Leben uns zufügt, reinigen uns und fordern uns heraus, einen größeren Anteil unseres ungenutzten Potentials zu aktivieren. Wir können es lernen, unsere Schmerzen als Lektion anzunehmen, durch die wir wachsen. Wie schaffen wir es, den größten Gewinn aus unserem Leben zu ziehen? In der Familie ist das Drama unserer Beziehungen am intensivsten; sie ist der Ort, wo wir wirklich unseren Identifikationen, Projektionen und Vorurteilen ins Gesicht schauen müssen, um unser Bewußtsein zu erweitern. Die Familie ist die Bühne, auf der Verhaltensmuster sehr intensiv programmiert und ausagiert werden. Die Familie – Mutter, Vater und Kinder – oder die Menschen, die zusammenleben und sich als eine Familie betrachten, sind der fruchtbarste Nährboden für eine Entwicklung im Sinne der Evolution.

Wenn wir es lernen, Familienbeziehungen zu nutzen, um Feedback über unsere gegenseitigen Projektionen, Identifikationen und Vorurteile zu bekommen, gewinnen wir innere Klarheit. Wenn wir nahe zusammenleben, dann absorbieren wir fortwährend Gedanken und Gefühle der anderen Mitglieder unserer Gruppe. Das ist normal und natürlich, da unser Bewußtsein nicht nur auf unseren eigenen Körper begrenzt ist, sondern mit anderen Bewußtseinsinhalten um uns herum in Wechselbeziehungen steht. Wir alle haben die Erfahrung gemacht, daß wir uns die Gedanken, Gefühle oder Einstellungen eines anderen Menschen gelegentlich zu eigen machen. Gewöhnlich denken wir über eine solche Identifikation nicht sehr intensiv nach. Sie erscheint uns als etwas ganz Natürliches, unser Verstand ist nämlich fortwährend mit unserer eigenen kleinen Welt beschäftigt. Aber dadurch, daß wir unsere Wahrnehmung dessen, was in der Innenwelt anderer Menschen vor sich geht, verbessern, dehnen wir uns über die Grenzen unserer Persönlichkeit in das Universale Bewußtsein hinein aus. Dies ist das Ziel der Meditation. Um diesen Zustand zu erreichen, müssen wir andere Menschen sehr klar wahrnehmen, während wir doch zugleich in unserer eigenen Mitte bleiben, damit wir nicht in deren Bannkreis hineingezogen werden. Dadurch wird unser Bewußtsein über seine Ego-Bindungen hinaus ausgedehnt. Wenn wir die innere Welt der Blumen, Bäume, Sterne, Tiere und Menschen erfahren können, dann dehnen wir unser kleines Selbst zum kosmischen Selbst hin aus.

Um von Ego-Blockierungen wirklich befreit zu werden, müssen wir unser Mensch-Sein in einem vollkommen neuen Licht sehen. Die Evolution ist seit vier Millionen Jahren immer weiter vorangeschritten, jedoch beginnt die Menschheit dies erst jetzt (in den letzten hundert Jahren) klar zu erkennen. Natürlich hat es immer, vor allem im Osten, ungewöhnliche Menschen gegeben, die sich dieser Tatsache bewußt waren. Aber erst in den letzten zwanzig Jahren haben sich sehr viele Menschen entschlossen, bewußt die Chance zu ihrer eigenen Evolution zu verbessern. Immer mehr Menschen erkennen, daß die Menschheit als Ganzes zu einer neuen Ebene der Bewußtheit hinaufgelangen muß oder daß sie es andernfalls riskiert, sich selbst zu zerstören. Die Entdeckung der großen Kraft, die latent in dem unsichtbaren Atom vorhanden ist, kommt zur gleichen Zeit wie die Entdeckung der großen Kraft, die latent in der unsichtbaren Seele verborgen liegt. Der Atomkern enthält die Intelligenz, die das Atom programmiert. Der Kern der Seele des Menschen, sein spirituelles Zentrum, enthält die Intelligenz, die den Menschen programmiert; der Mensch kann es lernen, diese Intelligenz zu nutzen. Das sichtbare Energiepotential im Atom ebenso wie im Menschen ist nur die Spitze eines Eisberges. Entweder lernt es die Menschheit, das Bewußtsein und diese gewaltige Energie konstruktiv für die Evolution der Kernkraft zu nutzen, oder aber wir riskieren eine atomare Zerstörung. Da jeder Mensch mit Intelligenz begabt ist, ist es von ihm selbst abhängig, wie die Entscheidungen ausfallen. Die nukleare Evolution beginnt nicht mit Kernkraft-Laboratorien, sondern damit, daß wir mit dem nuklearen Selbst in uns in Kontakt kommen, um unsere eigene Energie zu erzeugen, die wahrhaft Berge bewegen und unser Leben verändern kann.

Als Kind und als Erwachsener erkunden wir fortwährend unsere familiäre Situation, schauen, was wir tun und was wir nicht tun können, womit wir eine freudige Reaktion hervorrufen und womit eine ärgerliche. Da wir von den Dingen, die uns stören, am meisten lernen können, ist es wichtig herauszufinden, wie man mit ihnen im Sinne der evolutionären Entwicklung fertig wird. Jedesmal wenn wir merken, daß wir wieder einmal in einen Streit oder in eine heftige Meinungsverschiedenheit hineingeraten sind, müssen wir uns fragen: »Was fühle ich wirklich? Höre ich dem anderen wirklich zu? Drücke ich meine wahren Gefühle aus oder benutze ich nur Worte, die nicht genug sagen? Setze ich oder der andere irgend etwas voraus, was nicht wahr ist? Erwarte ich zu viel vom anderen?« Wenn wir uns über jemanden ärgern, dann müssen wir uns darüber klar werden, welche Annahmen uns dazu bringen, sein Verhalten als störend zu empfinden. Die Beispiele von Peter, Paul und Robert im zweiten Kapitel sind ein Beispiel für solche Kommunikationsstörungen. Ähnliche Situationen entstehen zwischen Eltern und Kindern.

Beispielsweise ärgert sich Mutter darüber, daß die sechsjährige Susi nicht die Fibel lesen kann, während andere Klassenkameraden, manche von ihnen aus sehr viel weniger »gebildeten« Elternhäusern, es bereits können. Mutter macht sich Sorgen, daß dies mit ihr selbst zu tun haben könnte. Sie hat versucht, Susi den besten Start zu ermöglichen, aber Susi hat dennoch Schwierigkeiten beim Lesen. Als sie gerade sehr ärgerlich ist, wirft sie Susi vor, sie sei eben faul und würde sich nicht richtig anstrengen. Susi ist tief gekränkt und hat das Gefühl, daß ihre Mutter sie nicht wirklich liebt. Die Mutter erkennt nicht, daß sie einfach *voraussetzt*, daß Susi schneller lernen könne. Susi wird vielleicht bis zum Alter von acht oder zehn Jahren sehr langsam lesen und dann schließlich aufholen. Es kann viele Gründe dafür geben, daß Susi so langsam ist; möglicherweise braucht sie eine Brille. Mutter ist so sehr mit sich selbst und mit ihrer eigenen, schwankenden Selbstachtung beschäftigt, daß sie sich nicht wirklich in Susis Welt und in deren Bedürfnisse einfühlen kann. Das

Bemühen, nach den Gründen für Frustrationen und Störungen erst einmal bei uns selbst zu suchen und dann erst bei anderen, ist grundsätzlich immer sinnvoll; es hilft uns, unsere Filter zu durchschauen. Mit anderen Worten: Wir lernen es, den Finger zunächst auf uns selbst zu richten. Diese Fähigkeit sollten wir auch unseren Kindern beibringen. Sie müssen es lernen, zunächst einmal auf ihre eigenen Fehler und Schwächen zu schauen, bevor sie andere Menschen beschuldigen.

Kinder, die Meditation und Bewußtseinserweiterung lernen, sind im Gleichgewicht zwischen dem, was in ihrer Innenwelt und der äußeren Welt des Lebens um sie herum vor sich geht. Sie sind fähig, ihre eigene Welt und die inneren Welten anderer voller Verständnis anzuschauen. Sie beschuldigen andere nicht ständig, irgendwelche Fehler zu machen, und sie haben auch keine Angst, übervorteilt zu werden. Diese Harmonisierung des inneren und äußeren Lebens führt zu Ausgeglichenheit und einem Eins-Sein mit dem Universum. Diese Kinder leben mit einem Gefühl von Stärke und innerer Sicherheit, auf das sie ihr ganzes Leben lang bauen können. Durch seine Fähigkeit, die Dinge klar zu erkennen, bekommt das Kind ein deutliches Gefühl sozialer Verantwortung; es lernt, diese klare Sichtweise auf größere soziale Probleme auszudehnen. Es wird ihm gelingen, sein eigenes Leben in den Griff zu bekommen und das Zusammenleben der Menschen dadurch zu verbessern, daß es seine seelischen Energien, Gedanken, Gefühle und Bilder beherrscht. Ein solcher junger Mensch lebt in einer wahren inneren Freiheit.

Kommunikation und Liebe

Um ein tieferes Verständnis der Meditation bei Kindern und in Familien zu erlangen, sollten wir ein wenig von der Liebe verstehen. Liebe ist die eigentliche Kraft, die die

Beziehungen in der Familie zusammenhält. Die kosmische Evolution der Intelligenz ist also eine Evolution der Liebe. Liebe und Intelligenz sind miteinander verbunden, nicht voneinander getrennt; sie sind in der gesamten Natur wirksam, in den Ameisen, Blumen, Vögeln, Bienen, Sternen. Wohin auch immer wir unseren Blick wenden: überall sehen wir diese beiden Kräfte. Überall sehen wir Liebe und Paarung in phantastisch verwobenen Mustern und Kreisen. Atome vereinigen sich, um Moleküle zu bilden, Moleküle vereinigen sich, um Zellen zu bilden, Zellen vereinigen sich, um Organe zu bilden, Organe vereinigen sich, um Körper zu bilden, immer wieder eine kooperativere, höhere Form des Lebens ausdrückend. Wenn die Mitglieder einer Familie zusammenleben, wachsen und arbeiten, dann kann die Liebe und eine intelligente Lösung der Lebensprobleme gefördert und genährt werden. Aber die Chancen zum gemeinsamen Wachstum werden in den meisten Familien erstickt. Zu viele ungelöste Probleme schaffen eine hohe Scheidungs- und Trennungsrate und bringen Verwirrung und Trauer. Wie in einem von Krebs befallenen Organ entwickelt sich zwischen den einzelnen Zellen Trennung und Zwietracht, bis die Familie zerstört ist.

Die Bande, die der Familie Sinn und Zusammenhalt gaben, haben sich aufgelöst. Traditionell wurde die Familie durch wirtschaftliche, soziale und religiöse Sitten zusammengehalten. Heute werden alle diese Traditionen in Frage gestellt. Wenn wir eine Weile lang zusammen leben, dann werden wir gefühlsmäßig voneinander abhängig, und wir beziehen einen Teil unserer Kraft aus diesen engen Gefühlsbindungen. Manchmal bleiben Paare nur um ihrer emotionalen Sicherheit oder um der Kinder willen zusammen, auch wenn nur wenig gemeinsames Wachstum, wirkliche Kommunikation oder Erfüllung in ihren Beziehungen zu spüren ist. Aber welche Art von Liebe ist das? Wenn es kein Wachstum gibt, dann kann es

69

auch keine wirklich erfüllende Liebe geben: das Bewußtsein wird schon sehr bald von Problemen erstickt werden, sich der Vergangenheit zuwenden oder zur Ausflucht nach Ablenkungen suchen. Häufig sind wir permanent damit beschäftigt, mit unseren Nachbarn Schritt zu halten, oder wir rennen allzu oft ins Kino, auf Parties oder in Restaurants, damit wir von dem schalen, unerfüllten Leben, das wir miteinander führen, abgelenkt werden. Das wird dann zu einem selbstverständlichen, festgefahrenen Lebensmuster, so daß wir nicht mehr erkennen, daß unser Bedürfnis nach einer gelebten Liebe ganz und gar nicht erfüllt wird. Wir nehmen an, daß die Art und Weise, wie wir leben, ganz normal sei.

Durch die Geburtenkontrolle ist die Ehe als Institution fragwürdig geworden. Wir haben zur Sexualität eine offenere Einstellung. Eine Umfrage unter Teenagern, die noch zur Schule gehen, hat gezeigt, daß vierzig Prozent nicht das Gefühl hatten, daß die Ehe wichtig sei. Darüber hinaus haben Skepsis und Zweifel gegenüber der Religion in vielen Familien eine geistige Leere hinterlassen. Diese Leere und viele wirtschaftliche und soziale Veränderungen haben bewirkt, daß die Ehe heute auf sehr schwankendem Boden steht. Verliebtheit, das Bedürfnis nach einem Gefährten, Kinder und Sicherheit sind die wesentlichen Gründe dafür, daß Männer und Frauen heiraten. Aber diese Gründe allein reichen oftmals nicht aus, um den Bestand der Ehe zu sichern. Die Scheidungsrate, die in den USA jetzt bei dreißig bis fünfzig Prozent liegt, steigt immer noch weiter an. Vor fünfundzwanzig Jahren wurde eine Scheidung noch als ein sozialer Makel betrachtet. Was wir für ein wirklich erfüllendes Leben brauchen, sind neue Werte und Lebensformen, welche die Leere füllen, die durch das Zerbrechen der alten Traditionen, die zuvor die Ehe und die Familie zusammengehalten haben, entstanden ist.

Wir zögern, alte Traditionen durch ungewisse neue zu

ersetzen, die vielleicht auch nicht befriedigender sind als die alten. Während die Mängel der alten Traditionen im allgemeinen deutlich gesehen werden, sind die wirklichen Bedürfnisse des Menschen nicht so klar erkennbar. Der neue Weg, der schließlich den alten ersetzen wird, wird auf einem evolutionären Wertsystem basieren müssen, das kraftvoll und lebendig ist und das sich an die veränderlichen Bedürfnisses des Menschen anpaßt. Ein evolutionäres System ist auf die evolutionäre Intelligenz eingestimmt; mit dieser Intelligenz kommen wir nur dann in Kontakt, wenn wir in unser Zentrum hineingehen und unser Bewußtsein ausdehnen. Ohne diese Ausdehnung bleiben die Werte des Menschen auf bestimmte persönliche Prinzipien beschränkt. Die Prinzipien des Menschen sind Produkte seines Bewußtseins und seiner falschen Denkmuster. Der Mensch klammert sich um der Sicherheit willen an bestimmte Prinzipien, selbst wenn sie nicht länger seinen wirklichen Bedürfnissen·entsprechen. Seine Ansichten werden zu fixen Ideen und müssen dann häufig durch Umwälzung und Revolution verändert werden. Aber die meisten Revolutionen stellen nur einfach neue Prinzipien an die Stelle der alten und erfüllen nicht die wirklichen Bedürfnisse der Menschen. In einem System, das auf evolutionären Gedanken basiert, gibt es eine dauernde Veränderung; Wachstum und Veränderung selbst ergeben die Sicherheit, die wir brauchen, und sie werden zu unserer persönlichen Lebensform. Zusammenleben und gemeinsames Wachsen sind gelebte Liebe. Liebe und Engagement müssen ein lebendiger Bestandteil der Ehe sein, und sie wachsen dann, wenn sie von den Gedanken der Evolution getragen werden.

Das Konzept von evolutionärer Liebe und von der Veränderung als dem Schlüssel zu wirklicher Liebeserfüllung wird von den meisten Menschen nicht verstanden oder erkannt. Aber die Kinder und die jungen Erwachsenen, die in der heutigen Zeit leben, in einer Welt der

Instabilität und der Veränderungen, wissen, daß ein neuer Weg beschritten werden muß.

Wenn Menschen sich intensiv mit ihrem geistigen oder psychologischen Wachstum befassen, dann müssen sie zuvor das Gefühl gehabt haben, daß ihnen etwas fehle. Dies Wachstum hilft dabei, die Abhängigkeit von anderen und die innere Unsicherheit zu verringern; beide Gefühle sind auf dem Wege zur reinen Liebe sehr hinderlich. Die meisten Menschen gehen den einmal beschrittenen Weg einfach nur immer weiter. Sie beschäftigen sich mit ihrer Arbeit, mit Hobbys, mit ihren Kindern, oder sie lenken sich ab und kehren ihre Probleme unter den Teppich. Sich selbst, ihre eigene Seele, lernen sie kaum kennen, außer vielleicht, wenn das Leben eine traumatische Erfahrung für sie bereithält, die sie derart aufweckt, daß sie endlich in sich hineinschauen. Um den kosmischen Sinn von Ehe und Familie als eine Chance zur bewußten Arbeit am evolutionären Wachstum zu erkennen, bedarf es einer Revolution des Denkens. Sie ist durch die Fortschritte der Wissenschaft, die dem Menschen das Potential für größere Freiheit gegeben haben, möglich geworden. Es gibt jetzt mehr freie Zeit, um sich zu erholen, und die Größe der Familien kann durch Geburtenkontrolle beschränkt werden. Erholung bedeutet, sich wieder zurückholen, sich erneuern; jetzt bekommt die Familie die Möglichkeit, ihre Zeit zu nutzen und sich neu zu erschaffen, ihre eigentliche Funktion im New Age zu erfüllen.

Es gibt mehrere Ebenen, die wir unbedingt erkennen müssen, wenn wir unsere gegenwärtige Situation durchschauen wollen. Die erste Ebene ist die, auf der das Leben einfach nur immer weiterläuft und auf der wir uns nicht bewußt sind, daß es für uns irgend etwas anderes gibt als das, was wir schon immer getan haben. Wir gehen unserer Arbeit nach, entwickeln bestimmte Kommunikationsmuster und vermeiden es, mit einem anderen Menschen eine wirkliche, tiefe, innere Verbindung einzugehen. Wir sehen nicht, daß es überhaupt einen besseren Weg geben könnte. Dann gibt es einen Zustand, in dem wir ein wirkliches Bedürfnis nach einer Erfahrung haben, die uns im innersten Kern unseres Seins befriedigt. Vielleicht sind wir durch ein psychodelisches Erlebnis oder durch Meditation zu einem veränderten Bewußtseinszustand gelangt, oder wir haben ein Buch, ähnlich wie dieses hier, gelesen. Irgend etwas öffnet sich.

Dann kommt das Stadium, wo wir uns der Aufgabe widmen, ernsthaft und liebevoll an uns selbst zu arbeiten – oder auch nicht. Wir erkennen, daß geistiges und psychologisches Wachstum harte Arbeit erfordert. Einige von uns werden gewahr, daß dies die befriedigendste Arbeit ist, die überhaupt möglich ist. Aber wieviele werden die Herausforderung und und die Veränderungen akzeptieren, die diese Arbeit mit sich bringt? Dies ist die Entscheidung: ob wir uns selbst dazu verpflichten wollen, eine so gründliche Arbeit gemeinsam zu machen, und ob wir das Unbekannte riskieren wollen, um das wahre Selbst in dem anderen zu entdecken. Die innere Bereitschaft, uns selbst in jemand anderem entdecken zu wollen: das ist wahre, selbstlose Liebe. Wenn wir uns in dieser Weise engagieren, dann lassen wir dem anderen Menschen die Freiheit, er selbst zu sein, denn unser tiefer Kontakt zum anderen hat nichts mit persönlichen Bedürfnissen und persönlichen Bindungen zu tun. Persönliche Gefühlsbindungen schaffen bestimmte Erwartungenen, Neid und Abneigung. Durch solche Gefühle wird die Liebe eingeengt; es werden wieder neue Filter und die üblichen Probleme geschaffen, die in den meisten Ehen auftauchen. Wenn wir gewillt sind, unseren Klammergriff zu lockern, dann gehen wir ein Risiko ein. Aber wir müssen bereit sein, wirklich loszulassen, um das Ziel der reinen Liebe zu erreichen.

Reine Liebe – das ist der evolutionäre Sinn der Ehe, es ist die Sehnsucht, das eine, einigende Element des Universums in der Gestalt von zwei verschiedenen Menschen zu entdecken. Die meisten Menschen werden sich ihrer Muster nicht bewußt und erfahren nicht, wie diese Muster die Beziehungen zu ihrer Familie und ihren Freunden beeinflussen. Während der Zeit der Jugend und Ehe bis zur Zeit der Goldenen Hochzeit sind die meisten von uns gefangen in ihren alten, persönlichen Bindungen und kennen nicht wirklich ihre eigene Seele oder die Seele ihres Ehemannes oder ihrer Ehefrau. Es wird von den weitsichtigen Erwachsenen abhängen, den evolutionären Weg weiterzugehen und von unseren Kindern.

Wie können wir die Seele eines anderen Menschen kennenlernen? Zunächst müssen wir eine neue Ebene des Vertrauens zueinander schaffen. Dieses Vertrauen entsteht dadurch, daß wir einen neuen inneren Zusammenhalt in der Familie schaffen, in dem Offenheit, Erfahrungsaustausch und das gemeinsame Erkunden des Lebens von vorrangiger Bedeutung sind. Um uns in die Richtung einer evolutionären Familie zu verändern, müssen wir ganz intensiv spüren: »Ich habe genug von dem alten Trott.« Wenn nur einer der beiden Ehepartner bereit ist, sich zu verändern, dann wird er den anderen bald hinter sich zurücklassen, und zwischen beiden wird sich eine Kluft auftun. Indem wir gemeinsam meditieren und gemeinsam neue Wege der Bewußtseinserweiterung gehen, machen wir die ersten Schritte hinein in ein unbekanntes Territorium. Kinder können nur an einer bewußten evolutionären Familienerfahrung teilnehmen, wenn die Eltern dies auch tun. Eltern möchten immer, daß ihre Kinder alle anderen übertreffen, aber wieviele Eltern werden sich die Zeit nehmen, mit ihren Kindern zusammen auch an ihrer eigenen Verbesserung zu arbeiten? Wenn wir wirklich mehr Liebe bekommen und unseren Kindern mehr Liebe geben möchten, dann werden wir auch bereit sein, sie auf ihrem Weg des Wachstums zu begleiten.

Die evolutionäre Familienerfahrung

Wir beginnen unser Familienleben im Sinne der Evolution, indem wir gemeinsam meditieren. Die Eltern können als erste damit beginnen, um sich nach und nach damit vertraut zu machen, und sie können dann die Kinder in ihre Gemeinschaft hereinholen. Die Erfahrung zeigt, daß eine Familie, die zusammen betet, meist auch einen festen inneren Zusammenhalt hat. Das wahre Gebet berührt den innersten Kern des Lebens in jedem Menschen; durch das gemeinsame Gebet kommen die

Meditierende Familie

•
Zentrum

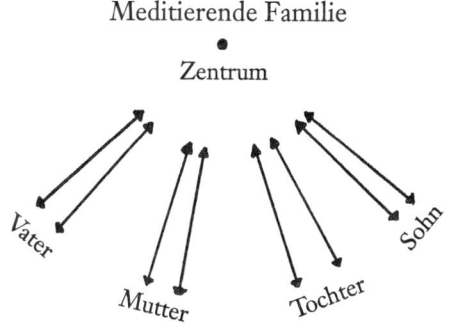

Nicht-meditierende Familie,
ohne spirituelles Zentrum,
die in äußeren Bereichen
nach Energie und Anregung sucht.

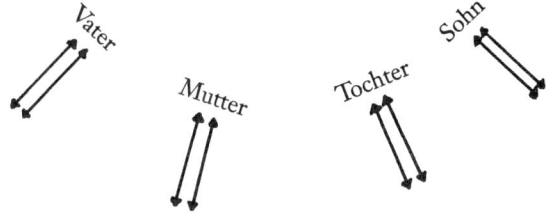

75

Familienmitglieder auf einer sehr tiefen Ebene des Seins miteinander in Kontakt. Aber das Gebet ist eigentlich nicht darauf ausgerichtet, daß der Mensch mit dem spirituellen Zentrum in sich selbst Kontakt aufnimmt, es sei denn, er hätte es gelernt, ganz besonders tief und hingebungsvoll zu beten. Meditation ist eine ideale Begleitung zum Gebet, denn sie befähigt uns, sehr schnell an die Quelle des Seins vorzudringen – durch Entspannung, Konzentration und geistiges Training. Die Quelle der Liebe und des Lebens wird dann in einer Familie, die zusammen meditiert, zum Zentrum des Familienlebens. Jedes Familienmitglied schöpft während der Familien-Gruppen-Meditationen aus jener Quelle von frischer Energie, Liebe und Inspiration und tauscht die Kräfte, die es empfängt, mit anderen Mitgliedern der Familie aus.

Eine Familie, in der es ein inneres geistiges Zentrum gibt, bietet eine fruchtbare Umgebung für das seelische Wachstum ihrer Mitglieder. In der Meditation liegt dieses innere Zentrum mehr im direkten, persönlichen Kontakt mit reiner Energie, nicht so sehr in der Religion.

Der Meister und die Schriften führen uns dorthin, wo wir Energie und reines Bewußtsein für uns selbst unmittelbar erfahren können. Sie sind jedoch kein Ersatz für den direkten Kontakt, der für eine erfüllende spirituelle Erfahrung nötig ist. Dies ist einer der Gründe, warum religiöse Traditionen heute weniger einflußreich sind. Der Versuch, die *Religion* zum spirituellen Zentrum zu machen, anstatt mit dem Lebensgeist des Universums selbst Kontakt aufzunehmen, wird scheitern. Das wahre spirituelle Zentrum öffnet den Weg zur Wahrheit, und es befähigt uns, spirituelle Lehren für uns selbst zu überprüfen, anstatt irgendein Dogma blind zu akzeptieren. Der menschliche Geist, der nach Wahrheit sucht, darf keine Lehre unreflektiert annehmen. Durch Meditation können die Mitglieder einer Familie jeden Tag zu Hause miteinander in Kontakt treten. Wenn wir das Bedürfnis nach einer größeren Gruppe oder Gemeinschaft haben, dann können wir zusammenkommen, um uns mit anderen Familien oder Paaren auszutauschen. Geist kann man nicht in einem Kirchengebäude einschließen. Meditation als wissenschaftliche und psychologische Technik zur Schaffung von mehr Energie, Gehirnkapazität und zur Anpassung an eine höhere Intelligenz wird die alte Trennung von Kirche und Staat auflösen, denn Meditation reicht über die religiösen Glaubensbekenntnisse hinaus, die häufig miteinander im Konflikt sind. Meditation bringt die Bewußtseinszustände, auf die alle Religionen letztlich hinzielen.

Für die evolutionäre Entwicklung der Familie ist die stille Meditationsphase nur die halbe Arbeit. Aktive Meditation in Form von Bewußtseinsübungen wird ebenfalls gebraucht, um die Schranken, die uns voneinander trennen, niederzureißen. Darüber hinaus gibt es heute viele Meditationsgruppen und -lehren, die die Arbeit am Ego vernachlässigen. Das Entdecken der Motive für unsere Gedanken und Aktionen ist für die Erleuchtung von wesentlicher Bedeutung.

Um das meiste aus den Bewußtheitsübungen zu machen, die hier vorgeschlagen werden, müssen wir unsere Gefühle wirklich zulassen. Vollkommene Offenheit aller Familienmitglieder untereinander kann sich nur schrittweise entwickeln, denn wir sind nicht daran gewöhnt, wirklich aufrichtig zu sein, oft nicht einmal uns selbst gegenüber, geschweige denn zu jemand anderem. Schon als kleine Kinder lernen wir es, uns zu verschließen: wenn wir erkennen, daß es einiges gibt, was wir unseren Eltern ohne Schwierigkeiten sagen können, und anderes, was wir ihnen besser verschweigen. Wenn Eltern vor sich selbst oder im Umgang miteinander ihre Gefühle nicht wirklich zugeben, dann spüren die Kinder diese Unaufrichtigkeit und sie werden wahrscheinlich selbst auch nicht genug Vertrauen entwickeln, um ihre inneren Welten zu öffnen.

Viele Menschen glauben, sie seien offen und ehrlich, aber die meisten von uns empfinden sehr vieles, was sie niemals ausdrücken. Die zärtlichsten Gefühle zwischen einem Mann und einer Frau, zwischen einem Elternteil und einem Kind und zwischen Menschen überhaupt entstehen dann, wenn es zu einem wirklichen Austausch kommt. Dann nämlich zeigt sich, daß man sich wirklich vertraut.

Vertrauen in einer Familie ist etwas Großartiges: Vertrauen zwischen Kind und Eltern, vom Kind zum Vater oder zur Mutter, das Vertrauen der Eltern und der Kinder untereinander. Einige Kinder hören auf, Steckenpferd oder ihre Phantasiespiele zu spielen, sobald jemand anders in ihr Zimmer kommt: Sie fühlen, daß der andere in einer ganz anderen Welt lebt und ihre Realität nicht akzeptieren kann. Erwachsene oder sogar Geschwister untereinander werden vielleicht jenen Teil in sich selbst verdrängen oder verleugnen.

So haben diese Kinder das Gefühl, daß sie ihre Phantasien nicht mit der Familie teilen sollten. Sie fürchten, daß sie auf irgendeine Weise zurückgewiesen werden könnten. Es ist gefühllos und unhöflich, wenn Erwachsene nicht respektieren, daß Kinder eine bestimmte Privatsphäre brauchen. Wer in die Privatsphäre eines anderen Menschen einbricht, der trampelt auf seinen Gefühlen herum. Kinder entwickeln bestimmte Verteidigungsmechanismen, die andere daran hindern sollen, in sie einzudringen. Solche Abwehrhaltungen verstärken noch den Mangel an Vertrauen. »Sie können ruhig kommen und mich beim Spielen unterbrechen, aber sie werden nicht erfahren, was ich wirklich in meiner innersten Seele denke und fühle.«

Das Eindringen in die Privatsphäre des Kindes ist auf einen Mangel an Sensibilität oder Achtung für die Welt des Kindes zurückzuführen. Häufig spürt das Kind das unausgesprochene Urteil des Erwachsenen, es empfindet sehr deutlich eine innere Trennung, und es baut eine Abwehrhaltung auf.

Diese Schranken lassen sich beiseite schieben, und Vertrauen läßt sich aufbauen, indem man gemeinsam etwas unternimmt, was für das Kind sinnvoll und wichtig ist, und indem man herausfindet, was es fühlt und seine Gefühle respektiert. Gemeinsam ein Rollenspiel oder ein Phantasiespiel zu spielen, wird das Kind dazu ermutigen, sich mit seinen Träumen und Phantasien dem anderen zu öffnen. Gemeinsam übersinnliche Wahrnehmungsfähigkeit zu entwickeln, wird die natürliche Entwicklung und die seelische Reifung des Kindes fördern. Häufig haben Kinder größere intuitive Fähigkeiten als Erwachsene, aber da diese natürlichen intuitiven Fähigkeiten des Kindes nicht gefördert werden, entwickeln sie sich auch nicht. Wenn wir nach den Methoden der Gestalttherapie gemeinsam einen Traum durcharbeiten, oder wenn wir die angenehmsten oder schmerzlichsten Ereignisse des letzten Tages, der letzten Woche oder des letzten Jahres besprechen, nutzen wir einige der Möglichkeiten, um eine gesunde Offenheit zu fördern. Die Übungen im siebenten Kapitel (siehe Seite 178 ff.) sind dazu da, einen Austausch und ein Sich-Mitteilen auf allen sieben Ebenen der Bewußtheit zu fördern.

Können Sie sich wirklich mit allen Ihren Gefühlen den Menschen öffnen, mit denen Sie zusammenleben? Haben Sie Angst, daß sie Sie weniger achten und schätzen könnten, wenn Sie wirklich offen sind? Oder würden die Mitglieder Ihrer Familie vielleicht so reagieren, daß Sie sich herabgesetzt und gedemütigt fühlen? Verschleiern Sie viele Ihrer tiefen Gefühle, wenn Sie mit anderen sprechen – und verlieren Sie deshalb selbst den Kontakt zu diesen Gefühlen? Können die, die Sie lieben, Ihnen gegenüber offen sein? Oder fürchten Sie, daß Sie zurückgewiesen, kritisiert oder nicht ernst genommen werden? Halten Sie einen Moment inne und stellen Sie sich allen Ernstes diese Fragen. Finden Sie heraus, was wirklich in Ihrer Familie vor sich geht. Dann werden Sie wissen, woran Sie am meisten und intensivsten arbeiten müssen.

Das Lösen von Familienproblemen

Der nächste Schritt im Durchbrechen unserer Blockierungen auf dem Wege zur evolutionären Entwicklung unserer Familie besteht darin, zuzugeben, daß wir uns selbst oder unsere Kinder nicht sehr gut kennen. Wir müssen die Übungen machen, die die Familie von den alten Gewohnheiten fort zu den neuen hinführt, und wir müssen bereit sein, uns zu verändern. Wir müssen unseren ganzen Mut zusammennehmen und die Mitglieder unserer Familie im Bereich ihrer Einstellungen und Vorurteile liebevoll herausfordern – und uns zugleich von ihnen herausfordern lassen. Nur dann können wir unsere Verhaltensmuster und Probleme klar erkennen und wirklich fair und aufrichtig sein. Junge Kinder müssen als Mitglieder der Familie so viel wie möglich in diese Arbeit einbezogen werden. Sie sollten damit aufwachsen, und die Atmosphäre in der Familie sollte sie dazu ermutigen, ihre natürliche Offenheit zu bewahren.

Wir nennen diese Art und Weise, mit Problemen umzugehen, einen *kreativen* Konflikt und betrachten ihn durchaus nicht als etwas Schlechtes. Vielmehr nutzen wir ihn konstruktiv und kreativ für unser seelisches Wachstum. Wir müssen jedoch die schmerzlichen und destruktiven Konflikte, die leider so häufig auftreten, verändern lernen. In einem kreativen Konflikt sind wir uns einig, daß wir uns nicht einig sind, und wir respektieren das Recht des anderen, eine andere Meinung zu haben. Wir erkunden gemeinsam die wirklichen Gründe für unser Nichteinig-Sein, indem wir uns mit anderen darüber austauschen, welche Gefühle das, was wir bei ihnen beobachten, in uns auslöst.

Zu lernen, mit Gefühlen in Kontakt zu kommen und sie uns gegenseitig mitzuteilen, ist nur ein Aspekt der Offenheit. Wir müssen auch lernen, aus den Grenzen unseres Selbst herauszutreten und fähig zu sein, den eigentlichen Kern des Problems zu erkennen – ohne zu beurteilen oder zu filtern. Wir können das nur tun, indem wir gut zuhören und uns der Innenwelt des anderen öffnen. Diese rezeptiven Fähigkeiten müssen gepflegt und gefördert werden. Wenn ein offenes Verhältnis zu einem anderen Menschen erst einmal hergestellt ist, dann haben wir eher den Mut, diese Offenheit in andere Beziehungen hineinzutragen – in Beziehungen zu Freunden, Lehrern und Mitarbeitern.

Häufig haben wir als Kinder und als Erwachsene das Gefühl, daß wir Menschen außerhalb der Familie mit mehr Offenheit begegnen können. Wir wünschen uns einen engen Vertrauten. Immer häufiger suchen sich Menschen Psychologen oder Psychiater, die diese Rolle ausfüllen sollen. Es geht ihnen darum, ihre Gefühle zu zeigen, sie jemand anderem offen mitzuteilen und ein ehrliches Feedback zu erhalten. Allzu häufig werden Gefühle und Probleme in der Familie nur noch unklarer, oftmals sogar ganz und gar verschüttet. Wirkliche Gefühle bleiben für uns oft unerforscht oder wir verdrängen sie, bis wir mit einem aufnahmebereiten Freund, dem wir vertrauen und der uns Wohlwollen entgegenbringt, über sie sprechen können.

Die meisten Menschen wünschen sich, daß ihre Kinder Vertrauen zu ihnen haben und sich ihnen gegenüber öffnen. Aber trotz aller guten Absichten reagieren die meisten Eltern sehr negativ, wenn ihre Kinder sich ihnen anvertrauen; sie versuchen dann oft, Autorität auszuüben, indem sie den Kindern ihre eigene Meinung aufzwingen. Kinder, die keine ausreichende Führung haben und denen keine Grenzen gesetzt werden, haben später ebenso schwerwiegende Probleme wie Kinder, die durch allzuviel Autorität unterdrückt worden sind. Wer die Gefühle und Wünsche von Kindern versteht und zugleich Autorität ausstrahlt, kommt ihren natürlichen Bedürfnissen entgegen. Von einem solchen Erwachsenen fühlen die Kinder sich nicht unterdrückt, sondern sie zeigen spontanen, freudigen Gehorsam. Häufig lehnen ältere Kinder viele der Gefühle, Werte und einen Großteil der Autorität ihrer Eltern ab, so daß Kommunikation fast unmöglich wird. Dann kommt es vor, daß ein Elternteil versucht, diese Ablehnung durch Autorität zu unterdrücken, indem er oder sie sagt: »Mein Weg ist der richtige, und solange du unter meinem Dach lebst, wirst du alles so machen, wie ich es will.« Vater oder Mutter erklären nicht, warum sie so fühlen, wie sie fühlen, sie versuchen nicht herauszufinden, warum das Kind so fühlt, wie es fühlt – und versperren so den Weg zu Vertrauen und Offenheit.

Die Beziehung wird allein durch ein Verhältnis von Autorität bestimmt, und die wirklichen Gefühle und die Gründe für die Gefühle werden begraben und niemals verständnisvoll erörtert. Groll und Auflehnung sind die Folge. Viele Erwachsene und Kinder sind innerlich verhärtet und lehnen es ab, sich selbst oder den anderen genau wahrzunehmen. Kinder übernehmen häufig eine solche Schwäche von ihrem Vater oder ihrer Mutter. Der Vater oder die Mutter werden sich also in der Haltung des Kindes wiedererkennen können. In einer Familie, die sich im evolutionären Sinn weiterentwickeln möchte, muß ein solcher Mangel an Sensibilität schonungslos aufgedeckt werden. Bewußtheitsübungen helfen uns, dies zu erreichen.

In dem Maße, wie wir unsere Familienbeziehungen immer besser kennenlernen, entdecken wir, daß Kinder für ihre Eltern wunderbare Spiegel sind, in denen sie sich selbst sehen können. Sehen wir uns ein typisches Beispiel an. Mutter sagt zu der dreijährigen Alice: »Nein, das darfst du nicht. Tu das nicht!« Alice läuft in ihr

Zimmer und umarmt weinend ihre Puppe. Ihre Gefühle sind verletzt. Alice hat in letzter Zeit, wenn ihre Mutter »nein« sagte, häufig so reagiert. Früher war ihre Reaktion ganz anders. Sie hat sich die Gründe, die ihre Mutter ihr nannte, angehört und sie akzeptiert. Ihre jetzige Reaktion weist auf ein ganz anderes Muster hin.

Die Mutter, die ein sehr starkes Bedürfnis nach Nähe hat, meint, daß Alice sich allmählich von ihr ablöst, daß sie Schritt für Schritt nach ihrer eigenen Identität sucht. Alice dagegen reagiert so emotional, wenn ihre Mutter ihr etwas verbietet, weil sie selbst das Gefühl hat, daß ihre Mutter sich von ihr distanzieren möchte. Eine starke emotionale Reaktion ist für Kinder in Alices Alter durchaus üblich. Aber die Mutter möchte wissen, ob es noch andere Gründe für Alices heftige Reaktion gibt. Hat sie vielleicht damit zu tun, daß Alice kürzlich in den Kindergarten gekommen ist und daß die Kindergärtnerin irgendwann einmal »nein« gesagt hat?

Die Mutter schaut sich ihre eigene Lebenssituation ein wenig genauer an und gesteht sich sein, daß sie sehr betrübt und verwirrt ist, wenn ihr Mann und andere Leute sie für irgendein Fehlverhalten heftig kritisieren. Sie nimmt solche Kritik sehr persönlich und fühlt sich verletzt. Sie sagt zu sich selbst: »Es überrascht mich, daß dies Muster schon bei meiner Dreijährigen erkennbar wird. Hat sie es von mir übernommen? Ist es natürlich? Ich habe nicht das Gefühl, daß ich etwas auf sie projiziere; ich sage nur ›nein‹ kraft meiner mütterlichen Autorität, wenn ich meine, daß Alice das, was sie gerade tut, nicht tun sollte. Aber sie sieht mein Verbot plötzlich als eine persönliche Beleidigung an. Gibt es eine andere Möglichkeit, mit der Situation fertigzuwerden, so daß die Wahrheit klarer ans Licht kommt?«

Schauen wir uns diese Mutter ein wenig genauer an. Vielleicht bewirkt ihre eigene emotionale Reaktion auf Autorität, daß sie selbst allzu autoritär ist; dadurch ruft

83

sie eine entsprechende Reaktion bei Alice und vielleicht auch bei anderen Menschen in ihrer Umgebung hervor, vielleicht gar eine Kettenreaktion. Möglicherweise spürt Alice, wie sehr ihre Mutter sich dagegen sträubt, etwas auf autoritäre Weise aufgezwungen zu bekommen, und merkt, daß sie von ihrer Mutter so behandelt wird, wie diese selbst nicht behandelt werden möchte; und Alice folgert daraus, daß ihre Mutter sie wahrscheinlich nicht mag. Wie ist es mit dem Vater in dieser Familie? Der Vater ist ebenfalls sehr empfindlich gegenüber gewissen autoritären Tendenzen der Mutter. Während eines intensiven Gesprächs sagt die Mutter zum Vater: »Ich habe nicht das Gefühl, daß du mir wirklich zuhörst. Ich versuche, dir meine Gefühle zu erklären, und du hängst deinen eigenen Gedanken nach und vergleichst meine Gefühle mit denen, die dein Freund Willy dir gegenüber gezeigt hat. Du hörst mir nicht wirklich zu.« Die Stimme von Alices Mutter klingt scharf und frustriert. Der Vater wird ebenfalls ärgerlich und frustriert. Er betrachtet den Durchsetzungswillen seiner Frau als Mißachtung und Ablehnung. So identifiziert sich Alice möglicherweise mit ihrem Vater, so daß sie noch mehr Grund dazu hat, die Entschiedenheit, die ihre Mutter ihr gegenüber zeigt, als persönlichen Angriff zu betrachten.

Natürlich ist Alice all dies nicht bewußt. Die Gründe sind Mutter und Vater ebenfalls solange nicht bewußt, bis sie ihnen einmal genauer nachgehen. Ehemann und Ehefrau haben es sich zur Gewohnheit gemacht, auf der Ego-Ebene miteinander zu kommunizieren. Die Kinder spüren diese Gewohnheit und reagieren auf sie.

Was kann Mutter tun? Mutter kann Alice zu helfen versuchen, indem sie wartet, bis sie sich beruhigt, und sie dann wissen läßt, daß sie versteht, wie sie sich fühlt. Eine liebe- und verständnisvolle Einstellung der Mutter ist wichtig, auch wenn Alice vielleicht weiterhin traurig und zudem noch zu jung ist, um Mutters Gedankengänge zu verstehen. Mutter entscheidet: »Wenn ich über das, was ich sage und über meine Gefühle Klarheit habe, dann muß ich meinen Einsichten entsprechend handeln, selbst wenn ich auf Widerstand stoße. Dennoch werden meine Versuche, Alices Realität zu sehen, dabei helfen, wirkliches Vertrauen zwischen uns aufzubauen.«

Welche Rolle sollte Autorität in der Familie spielen? Sollte Mutters Autorität immer kritiklos von Vater unterstützt werden? Und wie ist es umgekehrt? Oder muß das Wesen der Autorität einmal neu überdacht werden? Wenn man Vertrauen zueinander entwickeln will, dann darf ein autoritäres Verhalten nicht auf irgendeiner Laune oder persönlichen Problematik beruhen. Kinder brauchen eine starke Autorität, um Selbstdisziplin zu lernen und um das Gefühl von Sicherheit aufzubauen, das jedem Menschen innere Kraft und Stärke gibt.

Ein anderes Beispiel. »Hänschen, räum dein Zimmer auf. Ich hab's dir jetzt schon zum vierten Mal gesagt. Ich muß dich bestrafen, wenn du nicht auf mich hörst. Jetzt geh und mach's.« Das Zimmer aufzuräumen ist für viele Kinder eine verhaßte und langweilige Aufgabe. »Ich muß es machen, weil Mutter es gesagt hat« – das ist häufig das Gefühl, das die Kinder dabei haben. Die Erfahrung von tiefer und immer stärker werdender Liebe, die sich durch Meditation und größere Offenheit entwickelt, kann nach und nach das Autoritätsverhältnis zwischen Eltern und Kind verwandeln. Durch eine gesteigerte Sensibilität für die Bedürfnisse des anderen wird sich die Mutter der inneren Welt ihres Kindes bewußt, bevor sie Forderungen stellt; und das Kind spürt das Gefühl einer tiefen Freundschaft zur Mutter und wird dadurch motiviert, zum reibungslosen Funktionieren des Haushalts seinen Teil beizutragen.

Nörgeln bewirkt, daß Kinder sich solange taub stellen, bis der Vater oder die Mutter explodieren. Ich kann mich daran erinnern, daß meine Mutter mich, als ich ein kleines

Mädchen war, vor allem dann kritisierte, wenn sie traurig oder bedrückt war. Häufig begann sie, sich gerade dann über mich zu beschweren, wenn wir Kinder uns mit unseren eigenen Angelegenheiten beschäftigten, beispielsweise wenn sie in der Küche arbeitete und ich gerade spielen wollte. Zugegeben: Mein kleines Ego war damals sehr sensibel, und ich wollte die kritische Stimme meiner Mutter am liebsten gar nicht hören, oder aber das Gefühl bekommen, daß irgend etwas mit mir nicht in Ordnung sein könnte. Ich hatte Angst, im Unrecht zu sein, und also lernte ich es, mich zu rechtfertigen, zu rationalisieren oder aber mich den Angriffen zu entziehen, anstatt mir das Problem einmal gründlich anzuschauen. Wenn ein Lehrer oder ein Freund und manchmal sogar mein Bruder konstruktive Kritik äußerten, dann fiel es mir leichter zuzuhören, denn sie brachten ihr Anliegen ruhig und sachlich vor, und ich empfand ihre Worte nicht als eine Anklage. Wenn Ratschläge oder Kritik emotional vorgebracht wurden, oder wenn ich Angst hatte, daß man mich kritisieren könnte, dann wurde ich sehr widerspenstig. Wahrnehmungsübungen helfen dabei, diese Sackgassen der Kommunikation in der Familie wieder zu öffnen.

Manchmal unterstützt ein Elternteil die Reaktion des anderen Elternteils gegenüber dem Kind, nur um die Autorität des anderen zu stärken. So bekommt das Kind möglicherweise das Gefühl, im Unrecht zu sein, obwohl es im Grunde recht hat.

Die *Milch-Story*: Alice hat ein Glas Milch getrunken und möchte gern mehr haben. Mutter schenkt ein weiteres halbes Glas ein. Alice trinkt die Milch und bittet um mehr. Mutter sagt: »Nein, jetzt hast du genug.« Alice erwidert: »Nein, ich habe nicht genug.« Mutter sagt: »Ich habe doch gesagt, daß du genug hast. Das war wirklich ausreichend für dich.« Der Vater hört das Gespräch mit an und meint dazu: »Alice sagt, sie hätte nicht genug getrunken. Wie kannst du sagen, sie hätte genug gehabt?«

Dieses Mal identifiziert sich der Vater mit Alice, anstatt sich auf die Seite der mütterlichen Autorität zu schlagen. Jetzt fragt sich die Mutter, ob das in dieser Situation das Richtige war. Hat Alice nun genug getrunken oder nicht? Ist es mein oder ihr Empfinden, was hier entscheiden sollte? Die Mutter spürt, daß sie immer verwirrter wird.

Mutter und Vater beginnen zu streiten; sie wollen herausfinden, was am besten ist. Alice beobachtet sie dabei und spürt, daß der Vater auf ihrer Seite ist; sie fragt sich, was wohl geschehen wird. Die Eltern reden und reden, aber sie finden keine Lösung. Schließlich fühlt sich die Mutter frustriert und wütend und hat das Gefühl, daß der Vater sie hätte unterstützen sollen, und der Vater fragt sich verwirrt, warum die Mutter Alice nicht glauben wollte. Vielleicht braucht ihr Körper wirklich sehr viel Milch. Alle drei verlassen verwirrt, den Kopf voller Fragen, den Eßtisch. Alice geht hinaus, spielt ein bißchen mit Ton herum und vergißt den ganzen Vorfall schnell. Aber vergißt sie ihn wirklich? Oder setzt er sich irgendwo in ihrem Unterbewußtsein fest? Sie hat vielleicht das Gefühl, ihr Vater sei für sie und ihre Mutter gegen sie. Deshalb ist sie jetzt auch so verletzt, wenn die Mutter die Urteilskraft der Tochter bezweifelt und sagt: »Nein, das darfst du nicht.« Alice spürt einen Konflikt, was die Autorität zwischen ihren Eltern anbetrifft, und sie drückt ihr Gefühl dadurch aus, daß sie die mütterliche Autorität verletzt zurückweist.

Was können wir aus dieser Milch-Situation lernen? Ein solcher Vorfall ereignet sich immer wieder in ähnlicher Form in vielen Familien. Wir können ihn klarer sehen, wenn wir die Motive entdecken, die dahinter stehen. Was war Mutters eigentliches Motiv, als sie zu Alice sagte: »Nein, du hast genug Milch getrunken?« Hat sie es deshalb gesagt, weil Milch wieder teurer geworden ist und sie das Gefühl hatte, Alice dürfe von dem teuren Zeug nicht soviel trinken? Alice weiß es nicht. Und der Vater hat vielleicht gar nicht darüber nachgedacht. Wenn Mutter sagt: »Du hast genug gehabt«, dann ist Alice vielleicht immer noch ziemlich durstig und antwortet vollkommen wahrheitsgemäß: »Nein, ich habe nicht genug gehabt.« Wenn Mutter auf ihrer Aussage beharrt, dann verleugnet sie Alices Realität; damit ist die Kommunikation zwischen den beiden abgebrochen. Mutter hat sich einfach durchgesetzt und sich nicht einmal vor sich selbst über die Gründe Rechenschaft abgelegt. Hätte sie es getan, dann hätte sie vielleicht Alice statt der Milch noch ein wenig Saft oder Wasser angeboten. In diesem Fall wird Mutters Autorität dazu benutzt, Alices Bedürfnis zu verleugnen.

Sich nur einfach mittels Autorität durchzusetzen, ohne Angabe von Gründen, nur eben, weil man eine Autoritätsperson ist, fördert weder Vertrauen noch gegenseitiges Verständnis. Der Vater hat immerhin gespürt, daß Alices Gefühle nicht einfach verleugnet werden sollten. Aber er konnte in seiner Reaktion auf die Mutter auch nicht deutlich sagen, was er empfand. Alle drei sind gefühlsmäßig stark betroffen, aber keiner kann die Situation klar und deutlich wahrnehmen.

Als Beobachter, sozusagen als Kameramänner mit Linsen für Nahaufnahmen, können wir uns die Motive anschauen, aber die eigentliche Aufgabe liegt darin, die Situationen zu verbessern. Jede Familie durchlebt ähnliche Situationen, und niemand möchte dauernd darüber nachdenken, ob er sich richtig oder falsch verhalten hat. Das Leben würde an Freude und Spontaneität verlieren. Manchmal ist deutlich erkennbar, wie sehr uns daran gelegen ist, unsere Kommunikation zu verbessern, aber es ist dennoch schwierig, eine Veränderung herbeizuführen oder sich Hilfe zu holen. Es ist leichter, an den alten Reaktionsweisen und Verhaltensmustern festzuhalten. Wir haben fast alle große Schwierigkeiten, unser Verhalten zu verändern. So müssen wir also Techniken entwikkeln, die uns wirklich dabei helfen, die notwendigen Verbesserungen in die Wege zu leiten.

Ein kleines Kind lernt es, sich an das Verhalten der Eltern anzupassen, aber in seinem innersten Kern wird es bestimmte Haltungen entwickeln und entsprechend reagieren, wenn sein wirkliches Selbst in der einen oder anderen Weise mißachtet wird. Wenn der Vater über das Kind ungerechterweise ärgerlich wird, dann fügt er dem Selbstwertgefühl des Kindes damit Schaden zu. Wenn aber Vaters Ärger der Situation angemessen ist und nicht im wesentlichen mit seinen eigenen Problemen zu tun hat, dann wird das Kind mehr Verantwortungsgefühl und mehr Selbstachtung entwickeln. Der ehrliche Ausdruck von Gefühl, sei es nun Ärger oder Liebe, ist wahre Kommunikation. Deshalb ist auch der Einfluß, den Lehrer auf das Gefühlsleben von Kindern haben, außerordentlich bedeutsam.

Je früher wir unseren Kindern, den Lehrern unserer Kinder und den Eltern Hilfsmittel geben können, mit denen sie sich selbst und andere deutlich sehen, desto mehr werden wir das Verständis der Menschen untereinander fördern. Je früher wir unsere Kinder dahin bringen können, ihren eigenen direkten Draht zum reinen Bewußtsein durch die unmittelbare Wahrnehmung der universalen Einheit zu entwickeln, desto weniger werden sie sich durch die negativen Stimmungen Erwachsener beeinträchtigen lassen.

Zusätzlich dazu, daß wir Kindern beibringen, wie man meditiert und wie man Spiele und Übungen zur Bewußtseinserweiterung macht, lehren wir sie, wie sie ihre Energien in die richtige Bahn lenken und für ihre Handlungen Verantwortung übernehmen können. Wenn in der Familie Streitereien aufkommen, dann sollte jedes Familienmitglied den Finger zuerst auf sich selbst richten und schauen, inwieweit es selbst die Situation mit verursacht hat. Wenn der Vater den Sohn anschreit, daß er zum dritten Mal den Schraubverschluß nicht auf die Klebetube geschraubt habe, dann wird der Sohn die Gefühle des

Vaters sehr viel mehr respektieren, wenn er sieht, daß der Vater selbst sehr ordentlich ist. Häufig schreit der Vater seinen Sohn an, weil er beispielsweise seine Kleidung nicht forträumt; aber er selbst läßt auch alles herumliegen. Oder er gibt seinem Sohn moralische Ratschläge, die er selbst nicht befolgt. Solche Heuchelei kann die empfindsame Seele eines Kindes tief verletzen, bis es schließlich lernt, die Kränkung zu verkraften oder abzuschütteln. Dennoch bleibt sie nicht ohne Folgen.

Wenn wir innerhalb der Familie offen und bereit sind, unsere eigenen Vorurteile und die Vorurteile der anderen zu überprüfen, dann zieht eine neues Gefühl von liebevollem Verstehen in unser Familienleben ein. Dann werden Probleme nicht mehr unter den Teppich gekehrt, und es gibt keine verborgenen, bösartigen Gefühle mehr, die sich bei allen möglichen Gelegenheiten Luft verschaffen und andere verletzen. Die Familie entwickelt eine neue Offenheit, die hilft, daß Eltern und Kinder einander besser verstehen.

Mißverständnisse kommen vor allem deshalb auf, weil wir die Form der Kommunikation des anderen nicht verstehen – nicht so sehr deshalb, weil wir nicht miteinander reden. Wenn Kinder und Erwachsene während der Zeit des Heranwachsens sich nicht wirklich kennengelernt haben, dann ist es nur natürlich, daß die Unterschiede und Meinungsverschiedenheiten immer bedeutsamer werden und in dem Maße, wie das Kind immer unabhängiger wird, an die Oberfläche kommen. Es ist nicht unser Ziel, Unterschiede im Denken auszumerzen, sondern ein wahres Verständnis und ein Akzeptieren des anderen zu erreichen.

Hier sehen wir also, welche Stufe unsere Familie in ihrer Entwicklung erreicht haben mag, und wir sind bereit, eine neue Art der Kommunikation zu erproben. Wir beginnen damit, daß wir Meditationsübungen machen und häufig gemeinsam und mit anderen zusammen meditieren. Wir beginnen auch, unsere wahren Gefühle offener zu zeigen, uns selbst und unsere Motive zu analysieren und einander hinsichtlich unserer Annahmen, Projektionen und Identifikationen liebevoll in Frage zu stellen. Indem wir das tun, übernehmen wir mehr Verantwortung für uns selbst und für die psychische und geistige Gesundheit unserer Familie. Uns Erwachsenen und den Kindern wird gezeigt, wie wir verantwortlicher mit unserem Bewußtsein umgehen. Wenn wir die Notwendigkeit, ein bestimmtes Bewußtsein zu entwickeln, erkannt haben und wir Streitigkeiten in der Familie auf eine neue, weniger autoritäre Weise lösen können, dann verbinden wir Eltern und Kinder in einem tieferen Gefühl von Liebe und Vertrauen.

Das Leben gemeinsam erkunden – Übungen für Ehrlichkeit und Offenheit

Die Fähigkeit, unsere kreative Vorstellungskraft zu nutzen ist zugleich ein sehr machtvolles Werkzeug zur Veränderung des Bewußtseins. Aber das Bewußtsein funktioniert nach bestimmten Gesetzen, die Kinder und Erwachsene kennenlernen müssen, um zu guten Ergebnissen zu kommen. Wir alle nutzen unsere Vorstellungskraft unbewußt; wir hegen Hoffnungen, Phantasien und Befürchtungen, die unser Leben konditionieren, aber wir erkennen nicht, wieviel wirkungsvoller wir unsere Vorstellungskraft einsetzen könnten, um die Realität unseres Lebens unseren Wünschen immer mehr anzunähern.

Um die Vorstellungskraft sinnvoll zu nutzen, müssen wir zunächst einmal in der Meditation zur Ruhe kommen. So räumen wir selbstgebaute Hindernisse aus dem Weg und schaffen Raum für neue Einsichten. Im Zustand der stillen Sammlung kann die hereinkommende Energie am besten in neue Bahnen gelenkt werden. Welche Gedanken oder Sehnsüchte wir auch immer auf dem Gipfel unserer Meditation in unser Bewußtsein vordringen lassen – sie werden durch eine potente, kreative Energie gestützt werden. Die Meditierenden des Ostens nennen diese Energie *Kundalini*. Diese Kundalinikraft gebrauchen wir bei allem, was wir tun: wenn wir uns etwas vorstellen, denken, fühlen und uns bewegen. Aber die Kraft der Kundalini ist am wirkungsvollsten, wenn wir in der Meditation ganz und gar zur Ruhe gekommen sind. Wenn wir uns sehr deutlich eine liebevollere Beziehung vorstellen und uns dieses Bild immer wieder vor Augen führen, dann wird durch die Kraft des gelenkten Bildes, das wir vor Augen haben, eine starke Energie in Bewegung gesetzt werden – und das, was wir uns vorgestellt haben, wird auch wirklich eintreten.

Es gibt ein geistiges Gesetz des Bewußtseins: Energie folgt dem Gedanken. Es ist auf dies Gesetz zurückzuführen, daß die Kraft des positiven Denkens von so vielen Menschen erfolgreich genutzt wird. Wenn wir einen negativen Gedanken denken oder Furcht und Zweifel aufkommen lassen, dann wird sich gewiß auch Negatives ereignen, und unsere positive Programmierung wird dadurch unterbrochen. Deshalb ist es im Zustand der Meditation wichtig, uns für uns selbst und für andere nur Positives vorzustellen. Wenn wir Liebe oder etwas, was jemand anderem hilft, aussenden, dann werden diese Gefühle wie durch einen Spiegel zu uns zurückreflektiert.

Unsere Energie kann in bestimmten Augenblicken auf ungeahnte Weise wachsen: wenn eine Mutter beispielsweise plötzlich ein Auto anheben kann, um ihr Kind, das darunter festgeklemmt ist, zu befreien.

Die Bewußtseinsübungen sind strukturierte Spiele, mit deren Hilfe man lernt, wie man das Bewußtsein entwickelt und in bestimmte Richtungen lenkt. Dies kann allein oder zu zweit getan werden. Die Übungen sollten zu einem Zeitpunkt gemacht werden, wenn beide dazu bereit sind. Wenn Gefühle und Ideen systematisch erkundet werden, dann sind die Familienmitglieder eher bereit, sich zu konzentrieren und zuzuhören. Sie nehmen Herausforderungen weniger persönlich, als wenn wir an ihnen herumnörgeln oder wenn wir sie zuzeiten, in denen sie emotional sehr bewegt sind, kritisieren.

Um offen sein zu können, darf das Kind nicht das Gefühl haben, beurteilt zu werden. Für die Mutter oder den Vater ist es wichtig, daß er seine Meinung und seine eigenen Gefühle hintanstellt: erst dann ist sie oder er fähig, dem Kind wirklich zuzuhören, und es besteht nicht die Gefahr, daß die Eltern ihre eigenen Vermutungen und Erwartungen in das Kind hineinprojizieren. Unter diesen Bedingungen wird das Kind genug Vertrauen haben, um sich zu öffnen, und es wird wissen, daß man es akzeptiert.

Mit strukturierten Übungen ist es leichter, eine Bereitschaft zur Arbeit an bestimmten Problemen zu schaffen. Die Übungen, die hier vorgeschlagen werden, sollen die Offenheit in der Familie fördern. Sie müssen häufig wiederholt werden. Die Offenheit der Antworten wird proportional mit dem Vertrauen der Gruppenmitglieder untereinander ansteigen. Fragen Sie sich, warum Sie bestimmte Gedanken lieber nicht aussprechen wollen.

Bei allen diesen Übungen müssen wir aufpassen, daß wir uns nicht ablenken lassen. Es darf nicht über Dinge geredet werden, die mit der Übung nichts zu tun haben. Konzentrieren Sie sich am besten immer auf ein bestimmtes Thema und folgen Sie den Anweisungen – dann werden Sie gute Ergebnisse bekommen.

Bevor Sie diese Übungen machen, sollten Sie gemeinsam meditieren.

A. Setzen Sie sich in Kreisform zusammen, wenn möglich auf dem Fußboden oder wo es sonst bequem ist. Jedes Familienmitglied definiert jetzt in wenigen Sätzen, wie die anderen es seiner Meinung nach beurteilen, und formuliert die Ansichten, die es über sich selbst hat. Sind jene Meinungen identisch? Es sollte keine Diskussion aufkommen; machen Sie nur einfach eine Runde. Wenn Sie ein Tonbandgerät haben, dann nehmen Sie die Übung auf Tonband auf. Nachdem jeder drangekommen ist, können Kommentare und neue Einsichten hinzugefügt werden. Jetzt machen Sie dasselbe noch einmal; diesmal aber spüren Sie Ihren Gefühlen stärker nach. Hören Sie sich das Tonband am nächsten Tag an. Nehmen Sie deutlich wahr, wieviel mehr Sie jetzt daraus ersehen können und wie sehr sich Ihr Empfinden von den Gefühlen während der Übung unterscheidet.

B. Sagen Sie jedem Familienmitglied irgend etwas, was Sie ihm eigentlich schon immer sagen wollten, aber nie ausgesprochen haben. Gewöhnlich lassen wir sehr vieles einfach durchgehen und verdrängen bestimmte Gefühle, weil wir immer wieder meinen, daß die richtige, sichere Gelegenheit, sie zur Sprache zu bringen, noch nicht gekommen sei – oder aber, weil wir unsere Empfindungen als unwichtig abtun. Jetzt ist der richtige Augenblick. Die Aussage kann ganz banal sein, etwa: »Ich mag die Schuhe nicht, die du anhast«, oder: »Es gefällt mir nicht, daß du eine so schlaffe Körperhaltung hast; ich würde mir wünschen, daß du etwas dagegen tust.« Sie kann aber auch weitaus wesentlichere Dinge berühren, etwa: »Ich habe das Gefühl, daß du mit der Wahrheit hinter dem Berg hältst und mir nur die halbe Geschichte erzählst.«

Die Aussagen sollten *liebevoll* gemacht werden. Eine Diskussion gibt es erst, nachdem *jeder* seine Sache vorgebracht hat. Dann nehmen Sie jeden einzelnen der Kommentare unter die Lupe und fangen an, die Aussagen gemeinsam zu überprüfen. Fragen Sie sowohl den Kommentierenden als auch den Kommentierten nach seinen Gefühlen in Hinblick auf das Gesagte.

Viele Kinder oder Erwachsene empfinden eine anfängliche Scheu oder Verlegenheit, wenn Sie sich selbst öffnen und ausdrücken sollen. Ermutigen Sie sie sehr sanft, aber reden Sie ihnen ihre Gefühle nicht aus. Vollkommene Offenheit stellt sich erst allmählich ein. Wir müssen erst einmal mit unserer neuen Situation vertraut werden. Wenn sich die Eltern öffnen können, dann werden die Kinder ganz natürlich folgen. Wir können einander helfen, indem wir fragen: »Steckt noch mehr hinter dem, was du gerade eben gesagt hast?« Der andere antwortet dann vielleicht: »Es ist zu persönlich. Ich möchte es nicht sagen.« Wir können noch ein wenig weiterbohren, aber wir müssen letztlich die Entscheidung des Gefragten respektieren. Wenn Kinder und Erwachsene schließlich spüren, daß es möglich ist, tiefe Gefühle, Befürchtungen, Neid und persönliche Gedanken zur Sprache zu bringen, dann wird dies für sie eine große Erleichterung sein.

C. Abwechselnd setzt sich jeder Teilnehmer in die Mitte des Kreises, auf den sogenannten »Liebesplatz«. Alle anderen, die um ihn herumsitzen, sagen irgend etwas Positives, etwas, was sie wirklich an dem, der in der Mitte sitzt, schätzen, und erwähnen außerdem etwas, von dem sie meinen, daß der auf dem »Liebesstuhl« es verbessern oder daran arbeiten müßte. Es ist durchaus möglich, daß nicht einmal zwei Teilnehmer das gleiche sagen. Irgend jemand schreibt in Tabellenform auf, was gesagt worden ist und wer es gesagt hat.

Jeder einzelne sagt auch etwas über sich selbst, und auch das wird in der Tabelle aufgezeichnet. Jeder sagt, was er an sich selbst am meisten schätzt und woran er nach seiner eigenen Einschätzung arbeiten muß. Wenn die Übersicht vollständig ist, sollte man darüber diskutieren, wie man die notwendigen Verbesserungen bewirken kann; aber während der Übung selbst sollte nicht disku-

.tiert werden. Die Familie sollte gemeinsam der Frage nachgehen, ob der Verbesserungsvorschlag, den ein Familienmitglied einem anderen macht, auch von diesem wirklich akzeptiert wird, oder ob er mehr das Problem des Vorschlagenden ausdrückt. Könnte es sich um eine Projektion handeln?

Manchmal wird ein Mitglied der Gruppe oder der Familie allen anderen weitgehend dasselbe sagen. Das ist ein ziemlich sicherer Hinweis darauf, daß das, was hier gesehen wird, sich im wesentlichen im Auge des Betrachters abspielt. Was auch immer Sie an jemand anderem stören mag, ist, wenn Sie zulassen, daß es Sie stört, auch Ihr eigenes Problem. Dies bedeutet nicht, daß der andere nicht zugleich auch ein Problem hätte, an dem er arbeiten muß. Wir können die anderen Familienmitglieder dazu benutzen, daß sie uns erkennen helfen, wer die wirklichen Probleme hat. Erwartet die Mutter von Susi, daß sie ihre Haare lang trägt und daß sie sich rüschenverzierte Kleider anzieht, während Susi lieber in Jeans auf Bäume klettert und ihre Haare kurz schneiden läßt? Ist Susi nur einfach frei und möchte so sein wie ihr Bruder? Oder hat Susi ein wirkliches Problem? Kinder in einer Familie haben oft sehr tiefe Einsichten; sie können häufig sogar sehr tiefgehende Familienprobleme durchschauen, wenn man sie ermutigt, über diese Probleme zu meditieren und ihre eigenen Schlußfolgerungen zu ziehen. Wenn das Kind auf dem Liebesstuhl oder dem »heißen« Stuhl sich traurig oder bedroht fühlt und wenn sanfte Ermutigung nichts ausrichtet, ist es besser, das Thema auf einen anderen Zeitpunkt zu verschieben.

Zu Beginn der Übung, nach der Meditation, die alle zusammenführt, muß man die Kinder möglicherweise daran erinnern, daß dies kein Spiel zum gegenseitigen Necken ist, sondern daß sie wirklich ganz konzentriert mitmachen müssen. Wenn eines der Kinder beginnt, ein anderes zu necken oder alle anderen zu stören, dann sollte dies Kind aus dem Zimmer gehen, bis es zum Mitmachen wirklich bereit ist. Kleine Kinder sollten erst dann an dieser Übung teilnehmen, wenn sie sich ausreichend konzentrieren können; ansonsten sollte die Übung erst gemacht werden, wenn sie im Bett sind oder sonst irgendwo, wo die Mutter nicht abgelenkt werden kann.

Eine wichtige Übung, die allen anderen Übungen in der Familie sehr förderlich ist, ist das »Spiegeln«. Durch Spiegeln lernen wir, besser zu beobachten und zuzuhören. Jeder, der an der Übung teilnimmt, muß mit seinen eigenen Worten wiedergeben, was der andere gerade zu ihm gesagt hat. Andere Familienmitglieder versuchen herauszufinden, an welcher Stelle der Zuhörer nicht gut aufgepaßt hat. Sie beobachten, ob sich irgendwelche Filter, Projektionen oder Annahmen im Feedback niederschlagen. Das Spiegeln, gerade innerhalb einer Familie, ist sehr wichtig, um echte, klare Kommunikation zu erreichen. Wir haben in diesem Buch immer wieder betont, wie die Welt das, was in unserem eigenen Bewußtsein ist und was aus uns herauskommt, wieder zurückspiegelt. Die Spiegelübung hilft uns zu erkennen, wie dies funktioniert und wie wir das Spiegeln als Mittel zum Wachstum nutzen können. Wenn wir einander sehr nahe sind, etwa in einer Familie, dann folgen die Projektionen, die Annahmen und Reaktionen so nahe aufeinander, daß wir nur sehr selten wirklich aufmerksam zuhören. Fortwährend stürmen Gedanken auf uns ein und geben dem, was wir hören, eine bestimmte Färbung, und wir hören überhaupt nicht das, was der andere wirklich meint. Die Spiegelübung wird auf Seite 202 beschrieben.

Nur wenige Familien kennen das große Potential für tiefere Liebe, Wahrnehmung und Verständnis, das besonders dadurch aktiviert werden kann, daß wir den anderen als Spiegel sehen, durch den wir mehr über uns selbst erfahren können. Wir sind im allgemeinen zu sehr damit beschäftigt, andere zu beschuldigen, ohne unsere eigenen Charakterzüge in ihnen zu erkennen.

Jede Gruppe kann positives Feedback geben, wenn ihre Mitglieder erst einmal wissen, wie es gemacht wird. Gruppen können zusammenkommen, um Notizen über die Arbeit an ihrem Wachstum zu vergleichen, um Probleme durch »Brainstorming« gemeinsam anzugehen und um sich gegenseitig zu »spiegeln«. Die Bewußtseinsinhalte verschiedener Mitglieder können miteinander verschmelzen. Das positive Ergebnis ist eine größere Nähe und Liebe. Das negative Ergebnis ist, daß man die Irrtümer und Illusionen des anderen teilt. Manchmal bekommen wir einen Einblick in die Illusionen, die unser Familienleben begleiten, indem wir mit einer anderen Familie zusammenarbeiten. In dem Maße, wie wir die Illusionen ausmerzen, wird unsere Liebesfähigkeit stärker und unsere Wahrnehmung klarer. Wenn wir uns alle paar Wochen über die entstandenen Probleme mit Außenstehenden, etwa einer anderen Familie, austauschen, dann können jene Außenstehenden uns zu größerer Objektivität verhelfen. Anstatt zusammenzukommen, um Bridge zu spielen oder gemeinsam zu Abend zu essen und sich zu unterhalten oder über Politik zu sprechen, während die Kinder vor dem Fernsehapparat sitzen, können wir uns treffen, um wirklich gemeinsam an uns zu arbeiten, indem wir eine Familiensitzung abhalten. Wenn die Mitglieder einer Familie gemeinsam an sich arbeiten, so ist das aufregender und bedeutungsvoller als alle Kartenspiele zusammen. Diese Arbeit kann im Rahmen von Familienausflügen, Campingreisen und anderen vergnüglichen Vorhaben geleistet werden.

Ein kreatives Austragen von Konflikten, eine sorgfältige Selbsterkundung und spirituelle Entwicklung werden stärker zum Wachstum des Friedens im Herzen jedes Mannes, jeder Frau und jedes Kindes beitragen, als eine noch so intelligente Diskussion über die politische Weltlage. Es kann niemals Frieden auf der Welt geben, wenn es nicht im Leben jedes einzelnen Menschen, der auf der Welt lebt, friedlich zugeht. Vergleichen Sie diese evolutionäre Sichtweise des Familienlebens mit Ihrer eigenen Kindheitserfahrung, als es eine solche Bewußtheit nicht gab, als Probleme unter den Teppich gekehrt wurden oder in einen Streit mündeten, der nirgendwo hinführte. Erinnern Sie sich daran, wie Sie sich als Kind dabei gefühlt haben – und stellen Sie sich vor, wie es gewesen wäre, wenn Sie damals die Gelegenheit gehabt hätten, die evolutionäre Erfahrung zu machen, von der wir hier sprechen.

Während wir auf diese neue Art gemeinsam das Leben erkunden, lernen wir es, über die instinktive Eltern-Kind-Liebe hinauszuwachsen. Wir wachsen ebenso über die gewöhnlichen Gefühlsbindungen hinaus in Richtung auf einen Austausch reiner Liebe. Diese Erfahrung von Liebe ist reich und fließend. Wir lernen es, auf allen sieben Ebenen des Seins Liebe zu geben und zu nehmen, so daß unser Leben vollkommen wird. Die Liebe wird im gleichen Maß stärker wie unsere Ehrlichkeit und Offenheit und unsere Fähigkeit, der Welt des anderen zuzuhören. Plötzlich entdecken wir, daß wir wirklich kommunizieren, daß wir einander unsere Gedanken und Gefühle mitteilen. Wir nehmen die liebevollen Aspekte der Natur überall in unserer Umgebung wahr. Wir lieben und wir weinen vor Freude. Wir erkennen die Streitigkeiten von Liebespaaren als frustrierte Versuche, einander Gefühle mitzuteilen. Wie schmerzlich und wirkungslos sie auch sein mögen – wir sehen sie als eine Form der Liebe an, als die niedrigste Form menschlicher Liebe. Wir werden immer die, die wir lieben, auf menschlicher Ebene verletzen, und wir werden von ihnen verletzt werden, denn wir haben dem anderen allein dadurch, daß wir uns an ihn gebunden haben, die Macht gegeben, uns zu verletzen.

Unser Vertrauen in andere Menschen wird schwinden, wenn wir häufig verletzt werden. Aber wir können jenes Vertrauen wieder aufbauen: wenn wir das Wahre Selbst erkennen, so, wie es sich in uns selbst und in den Menschen, die wir lieben, manifestiert. Nur dann sind wir frei von den inneren Ketten, den unbewußten Spielen und den Zwängen unseres kleinen Ego, das uns in der Vergangenheit beherrscht hat.

Das Leben gemeinsam zu erkunden, und zwar mit dem Ziel einer evolutionären Entfaltung – das ist eine neue soziale Erfahrung. Wenn wir dies zu unserem Lebensinhalt machen, dann haben wir ein geringeres Bedürfnis nach überflüssigem materiellen Besitz, denn wir haben erkannt, daß er weder Glück noch Erfüllung bedeutet. Es ist für unsere spirituelle Erfüllung außerordentlich wichtig, daß wir nicht mehr unter dem Zwang stehen, Geld anzuhäufen, um uns damit scheinbare Zufriedenheit zu erkaufen. Zu Zeiten, in denen wir einmal weniger Geld haben, wird diese innere Einstellung noch bedeutungsvoller. Eine Entwicklung im Sinne der Evolution kann das Leben einer Familie verändern und jedem Menschen eine innere Sicherheit geben, die für immer unzerstörbar ist, trotz aller Umbrüche und Veränderungen in der Familie, der Gesellschaft und der ganzen Welt.

Viertes Kapitel

Wie man mit Kindern meditiert

Meditationsübungen in der Familie

Kinder sind nur selten freiwillig bereit, sich etwas vorschreiben zu lassen, vor allem, wenn sie gerade ihre eigenen Pläne haben. Für Meditationsübungen sollte man deshalb am besten eine bestimmte Tageszeit festsetzen, zu der die ganze Familie zu diesem Zweck zusammentrifft. Einige Kinder werden dies ablehnen. Sie werden es seltsam finden, allzu ungewohnt. Einige Kinder lehnen Meditation vielleicht aus Faulheit ab oder aber aus einem Gefühl des Widerstandes gegen Disziplin, und einige sträuben sich vielleicht, irgend etwas Neues auszuprobieren. Die meisten Kinder meditieren jedoch zu bestimmten Zeiten sehr gern – und haben zu anderen Zeiten wieder überhaupt keine Lust dazu. Diese Einstellung ist normal – jedoch sollten wir die Kinder auf jeden Fall dazu anhalten, täglich ihre Übungen zu machen, so lange, bis sie ihnen zur Gewohnheit geworden sind. Schließlich werden sie sich darauf freuen, und Meditation wird bald für die ganze Familie zu einer Lieblingsbeschäftigung werden.

Wenn ein Kind überhaupt nicht meditieren will oder wenn es zu stören beginnt, dann sollte man es vor die Wahl stellen, entweder zu bleiben und mitzumachen oder sich irgendwo anders still mit sich selbst zu beschäftigen. Wenn es nicht mitmachen möchte, sollte es allein bleiben; allzu verführerische Ausweichmöglichkeiten wie etwa das Spielen mit einem Freund oder das Anschauen von Zeichentrickfilmen sollten nicht angeboten werden. Schließ-

lich bestehen wir auch darauf, daß Kinder einen Mittags-
schlaf halten oder ihre Zähne putzen und bestimmte andere Rituale einhalten, von denen wir meinen, daß sie für
ihre Gesundheit notwendig seien. Auch unsere psychische Gesundheit können wir pflegen: etwa dadurch, daß
wir jeden Tag eine Weile lang zur Ruhe kommen. Wenn
etwas sehr Wichtiges und Aufregendes gerade in der Zeit
sich ereignet, in der meditiert werden soll, dann kann die
Familie entscheiden, ob das Meditieren auf später verschoben werden soll oder ob es im Moment dennoch
Vorrang hat.

Es ist nicht klug, ein Kind zur Meditation zu zwingen.
Wenn wir jemanden zu etwas zwingen, dann spiegelt das
eine autoritäre Einstellung: »Mach's so wie ich, gleichgültig, wie du dich dabei fühlst.« Diese Form von autoritärem
Verhalten wird letztlich immer Widerstand und Groll
hervorrufen. Wenn die Eltern meditieren, wenn die Meditation wie selbstverständlich zum Familienleben gehört,
dann werden die Kinder sehr viel bereitwilliger mitmachen. Bis zu der Zeit, da Meditation und Wahrnehmungs-
training in den Schulen, unter Freunden und daheim zu
einer Selbstverständlichkeit geworden sein wird, wird es
immer einige Kinder geben, die zunächst Widerstand leisten, und andere, die wirklich gern dazu bereit sind.

Dadurch, daß wir selbst regelmäßig meditieren, können wir den Kindern ein Beispiel geben. Kinder lernen,
besonders, wenn sie noch jung sind, durch Nachahmung
und Identifikation mit dem Vater oder der Mutter. Nach
einer Phase der Ermutigung und Ermunterung werden
die meisten schließlich aus eigenem freien Willen mitmachen, wenn sie sehen, daß die, die ihnen am nächsten
stehen, sich intensiv damit befassen. Meditation trägt
dann die reichsten Früchte, wenn die Kinder gern und
freudig mitmachen. In dem Fall bekommen sie das Gefühl, daß auch sie für die Familiengemeinschaft eine gewisse Verantwortung übernehmen.

Konstante Ermutigung ist sehr wichtig, denn die Konzentrationsfähigkeit von Kindern ist beschränkt. Bisweilen werden Sie das typische »Ich habe heute aber keine Lust« zu hören bekommen. Wenn es Ihnen nicht möglich ist, das Kind zu überreden, dann sollten sie ihm die Wahl zwischen zwei Möglichkeiten lassen. Die Zahl der Wahlmöglichkeiten zu beschränken wird den Kindern deutlich zeigen, daß es im Leben bestimmte Grenzen gibt; dadurch wird die elterliche Autorität als Vorbild erhalten. Entweder hörst du auf, mit deinen Spielsachen herumzuwerfen, oder du gehst in dein Zimmer.« Das ist eine klare Wahlmöglichkeit. Ebenso klar ist: »Entweder putzt du jeden Abend und jeden Morgen deine Zähne, oder du bekommst Löcher, die der Zahnarzt dann füllen muß.« Und ebenso eindeutig ist die Alternative: »Entweder meditierst du mit uns, oder du gehst und schaust dir still in deinem Zimmer ein Buch an.« Kinder erkennen, daß sie eine Entscheidung treffen und für diese Entscheidung auch die Verantwortung übernehmen müssen. Wir alle müssen im Leben die gleichen Lektionen lernen. Wie oft kommt es vor, daß wir Erwachsene uns fragen: »Sollte ich dies oder jenes tun?« Indem das Leben uns Wahlmöglichkeiten gibt, lehrt es uns, an die Konsequenzen unserer Handlungen zu denken. Was wird sich in Zukunft daraus entwickeln? Durch diese Denkweise wird unser Verantwortungsgefühl ebenso wie unsere Fähigkeit zur Vorausschau gefördert.

Die übliche Zeit für die Familienmeditation kann bisweilen ein wenig verlängert werden, etwa für den Austausch von Gefühlen und Ideen und für die Klärung von Problemen. Ein solcher Austausch wird durch die vorangegangene Meditation sehr viel leichter. Dadurch werden wir intensiver mit dem, was wir wirklich fühlen, in Kontakt kommen.

Noch schwieriger als den eigenen Gefühlen nachzuspüren ist es, mit einem anderen Menschen mitzufühlen.

Aber unsere Fähigkeit zur Einfühlung könnte uns dazu verhelfen, zu einer kreativen Lösung kommen; auf jeden Fall gewinnen wir dadurch eine bessere, umfassendere Perspektive. Eine Zentrierungsmeditation kann spontan, zu jedem Zeitpunkt gemacht werden, wenn wir das Bedürfnis danach spüren – bevor wir ins Bett gehen, vor einer Prüfung in der Schule oder allgemein vor jeder schwierigen Situation.

Wenn Sie die günstigste Zeit für Ihre täglichen Meditationen herausgefunden haben, dann versuchen Sie, diese Zeit konsequent einzuhalten. Rhythmus und Regelmäßigkeit sind etwas Natürliches. Wenn Ihnen irgend etwas dazwischenkommt, dann nutzen sie den nächstmöglichen Zeitpunkt. Suchen Sie sich ein stilles Zimmer aus, wo jedermann bequem auf Stühlen oder Kissen sitzen kann. Auch im Freien können Sie wunderbar meditieren, vorausgesetzt, Sie werden nicht durch Lärm oder Mücken gestört. Beginnen Sie damit, daß Sie der ganzen Familie die Regeln zur Vorbereitung der Meditationsübungen laut vorlesen. Wenn Sie ein Tonbandgerät haben, dann nehmen Sie sie vorher auf; so können alle zuhören. Die folgenden Anweisungen sind auch dann anwendbar, wenn Sie ganz allein meditieren.

Meditation für die ganz Kleinen – Vor der Geburt bis zu fünf Jahren

Kinder dieser Altersgruppe haben Schwierigkeiten, sich ruhig und aufmerksam hinzusetzen; aber mit unserer Anleitung können sie es schaffen. Still zu sitzen ist für jedermann die erste Lektion; wir müssen aber erst einmal selbst still sitzen können, bevor wir unseren Kindern zeigen, wie man es macht.

Schwangere Frauen können häufig fühlen, wie sich das Baby in der Gebärmutter entspannt, sobald sie sich zur Meditation niedersetzen, oder auch wie es beginnt, sich zu bewegen und zu strampeln. Das Baby reagiert auf die hereinströmende Energie. Meditation kann der Mutter dabei helfen, sich auf ihr ungeborenes Kind einzustellen und seine Schwingungen zu spüren. Einige meditierende Mütter sind fähig, bewußt mit der Seele ihres ungeborenen Kindes zu kommunizieren. Konzentrieren Sie sich auf Ihr Baby und schicken Sie ihm Ihre Liebe. Dazu stellen Sie sich das Baby in Ihrer Phantasie vor. Entspannen und öffnen Sie sich, um die Schwingungen des Kindes in sich aufzunehmen. Vielleicht fühlen Sie eine Reaktion – vielleicht auch nicht. Wenn Sie die Übung häufiger machen, dann werden Sie schließlich merken, daß Sie sich immer besser auf das Kind einstellen. Energie und Liebe werden durch die Schwingungen Ihrer Gedanken zu dem Baby hingetragen werden, auch wenn Sie selbst das nicht deutlich spüren können. Der Körper des Kindes ist ein Teil Ihres eigenen Körpers; es wird automatisch die besänftigenden und harmonisierenden Energien mitbekommen, die Sie selbst während der Meditation empfangen. Sie können leise die Laute Aaahh oder Ooommm singen, während Sie dem Kind Ihre Liebe senden. Klangwellen helfen bei der Konzentration und sind Überträger von Schwingungen. Nehmen Sie in den Pausen zwischen den einzelnen Lauten die Liebe des Universums in sich auf. Horchen Sie in die Stille hinein. Während Sie auf diese Weise meditieren, haben Sie vielleicht bestimmte intuitive Einsichten in hilfreiche Ernährungsveränderungen oder notwendige Ruhephasen oder andere Aspekte Ihres Lebens, die Ihnen Ihre Schwangerschaft erleichtern. Die Fähigkeit zur tiefen Entspannung, die Sie durch Meditation erlangen, wird auch die Geburtswehen und die Geburt erleichtern.

Wenn das Baby geboren ist und während des ersten Jahres sollten die Mutter (und der Vater) es jeden Tag während der Meditation eine Zeitlang in den Arm nehmen: Das Gefühl für die Einheit des Universums wird sich auf den kleinen Menschen übertragen. Sobald das Baby alt genug ist, lassen Sie es während des Meditierens neben sich sitzen. Selbst im Krabbelalter kann auch ein Kleinkind an einer kleinen Meditation von einer oder zwei Minuten Dauer teilnehmen. Ein paar Minuten – mehr werden die meisten Kinder unter drei Jahren nicht schaffen, es sei denn, das Kind hat wirklich schon gelernt, sich zu konzentrieren. Im Alter von drei Jahren können Sie Ihr Kind dazu anhalten, ein wenig länger mitzumachen; dabei kann es vibrierende Klänge wie Aaahhh oder Ooommm singen oder an einer einfachen Meditationsübung teilnehmen, die wiederum seine Konzentrationsfähigkeit steigern wird. Nur eine einzige Minute der Meditation kann bewirken, daß das Kind, wenn es sich wirklich darauf konzentriert, mit seiner Mitte in Kontakt kommt.

Kindern zwischen drei und fünf Jahren kann man durchaus beibringen, wie sie durch Meditieren zu ihrer inneren Mitte finden; es ist sinnvoll, ihnen zugleich eine Aktivität für die Zeit nach der Meditation vorzuschlagen. Dadurch werden sie es lernen, ihre Energie zu nutzen und zu erden. Sie konzentrieren sich, gehen in sich hinein und richten dann ihre Kräfte nach außen, indem sie irgendeine kleine Aufgabe übernehmen, etwa, den Tisch zu dekken, der Katze ein Schälchen Milch zu geben oder etwas zu zeichnen. Wenn in der Familie ein Kind dieser Altersgruppe zusammen mit älteren Kindern aufwächst, dann kann es vielleicht nicht die ganze Zeit an den Familienmeditationen teilnehmen. Es sollte aber so lange wie möglich dabei sein können und dann den Raum still verlassen dürfen. Wenn es gar nicht mitmachen kann, dann sollte man ihm eine andere, stille Beschäftigung geben; stören darf es aber nicht. Vielleicht kann man zu einem anderen Zeitpunkt mit ihm eine seinem Alter entsprechende Meditationsübung machen.

Einige Kinder dieses Alters können, wenn sie sehr entspannt sind, schon an längeren Meditationsübungen teilnehmen. Es ist wichtig, daß sich Kinder vor der Meditation so intensiv wie möglich entspannen, vor allem, wenn sie kurz zuvor sehr aktiv gewesen sind. Durch das Summen und Singen von Ooommm- und Uuummm-Lauten erzeugen wir in unserem Kopf ein angenehm prickelndes und vibrierendes Gefühl. Diese Laute werden Ihnen und Ihren Kindern dabei helfen, sich für längere Zeit zu konzentrieren.

Einige der Familien-Bewußtseinsübungen werden für Kinder leicht durchzuführen sein, aber für die, die sich nicht darauf konzentrieren können, muß irgend etwas anderes im voraus geplant werden. Mit ein wenig Vorausschau und Organisation kann man die Bedürfnisse aller Familienmitglieder, gleichgültig welchen Alters, erfüllen und zugleich regelmäßig zusammen mit der ganzen Familie meditieren.

Eine Meditationsübung für Drei- bis Fünfjährige

Sprechen Sie lebendig und mit bewegter Stimme. Sie sollten dem Kind immer ein wenig voraus sein. Beginnen Sie mit ein paar Yogaübungen, um sich zu entspannen und den Körper entsprechend vorzubereiten: der Hund, der Schulterstand, die Kobra, der Baum und so weiter (siehe fünftes Kapitel).

Wir setzen uns aufrecht in den Schneidersitz. Unsere Hände liegen mit nach oben gewandten Handflächen auf den Knien oder Oberschenkeln. Immer daran denken, daß der Rücken gerade aufgerichtet bleibt. »Hast du jemals eine Marionette an einem Band gesehen? Stell dir vor, oben an deinem Kopf ist ein Band befestigt, das dich hochzieht, so daß dein Rückgrat gerade aufgerichtet ist. Schließ die Augen. Jetzt atme langsam durch die Nase ein. Der Mund bleibt geschlossen. Der Atem strömt durch die Nase wieder hinaus. Wir machen das Ganze noch einmal. Während ich bis drei zähle, atmest du ein (1 . . . 2 . . . 3).

107

Halte bei drei inne (1 . . . 2 . . . 3). Während ich noch einmal bis drei zähle, atmest du langsam durch die Nase aus.
Wir wiederholen das Ganze noch einmal und noch einmal. (Wiederholen Sie das 1 . . . 2 . . . 3 und atmen drei-
oder viermal aus.) Jetzt entspannst du dich und atmest
ganz normal ein und aus. Du bist ganz ruhig.
Ein . . . und . . . aus . . . ein . . . und . . . aus . . . Du fühlst
dich wie eine Welle auf dem Meer. Langsam
. . . hoch . . . und . . . runter . . . jedesmal . . . wenn du atmest . . . ein . . . und . . . aus . . . Du bist jetzt das
Meer . . .« (Alle ruhen sich still aus und spielen »Meer«,
bis das Kind sich zu bewegen oder unruhig zu werden
beginnt.)
Dann sagen Sie: »Jetzt spannst du deinen ganzen Kör-

per an, machst eine Faust, spannst alle Muskeln in den Beinen an, ebenso in den Füßen, Armen, im Brustkorb und im Gesicht. Spann auch deinen Mund und deine Nase an. Jetzt entspannst du dich wieder; der Rücken bleibt aber gerade und aufrecht. Laß alle Energie hinaus – alle Energie fließt aus dir hinaus, bis du ganz und gar leer und entspannt bist, gänzlich leer. Nicht ein einziger Tropfen Energie ist in dir. Wir sitzen immer noch aufrecht. Jetzt (Sie beginnen zu flüstern) fangen wir an, ganz still hinter geschlossenen Augenlidern in uns hineinzuschauen. Schau auf eine Stelle in deiner Stirn, genau zwischen deinen Augenbrauen. Schau in dich hinein und richte dabei deinen Blick nach oben. Spür jetzt ganz deutlich, daß du dich in deinem innersten Zentrum befindest. Du bist ganz tief in deinem Herzen. In dir ist, genau an jener Stelle, ein leuchtendes Licht. Du bist das Licht.«

Wenn das Kind nach der »Meeres«-Übung nicht still und entspannt ist, dann machen Sie das Anspannen und das Entspannen vor und fügen dann hinzu: »Jedesmal, wenn du ein- und ausatmest und dabei hoch- und niedergehst wie eine Welle, gehst du tiefer und tiefer in die Meditation hinein. Ich werde Wellen zählen, und wenn ich bei zehn ankomme, dann bist du eine stille Welle auf dem ruhigen Meer, und du wirst dich ganz tief entspannen. Sie beginnen, indem Sie dem Atmen des Kindes folgen, langsam zu zählen: »1 ... 2 ... 3 ... 4 ... 5 ... 6 ... 7 ... 8 ... 9 ... 10 ... Jetzt bist du das ruhige, stille Meer.«

Wenn das Kind weiterhin sehr unruhig ist, dann sollte es sich mit gerade ausgestreckten Beinen und Armen auf den Rücken legen. Es könnte sein, daß es dabei einschläft. Es ist besser, wenn es das Meditieren in aufrechter Sitzhaltung lernt und wenn es die Yoga-Entspannungsübungen vor dem Meditieren übt, bis es während des Aufrecht-Sitzens ruhig bleiben kann.

Eine andere Möglichkeit für sehr unruhige Kinder wäre, sich zu bewegen und wie die Meeresoberfläche und die Wellen zu schwanken und sich dann bis zum Zustand vollkommener Ruhe wieder zu beruhigen. Verlängern Sie, bevor Sie weitermachen, schrittweise den Zeitraum, in dem das Kind vollkommen still sitzt.

Die Kreis- und Punkt-Meditation auf Seite 162 ist gerade für Kinder dieses Alters eine sehr gute Übung und kann zu einem anderen Zeitpunkt zusammen mit der Meeres-Entspannung gemacht werden. Besprechen Sie nach der Meditation, was die Farben des Meeres für das Kind bedeutet haben. Gibt es etwas in dem Zimmer, was die gleiche Farbe hat wie das, was du gesehen hast? Kannst du das, was du gesehen hast, zeichnen? Schau dir die anderen Gruppenmitglieder an. Hat eines von ihnen eine der Farben an sich, die du gesehen hast?

Meditation mit Sechs- bis Zehnjährigen

Kinder dieser Altersgruppe sind schon disziplinierter und können sich besser konzentrieren. Die meisten dieser Kinder sind in einer der Grundschulklassen. Sie brauchen schwierigere Aufgaben und Herausforderungen, die ihnen zugleich auch Spaß machen. Konzentrationsübungen sollten täglich wiederholt werden, um das Kind zu lehren, sich ganz intensiv in das, was es gerade tut, zu vertiefen. Die Übungen können abgewandelt werden, damit das Üben weiterhin Spaß bringt.

Im sechsten Kapitel werden verschiedene Konzentrationsübungen vorgeschlagen. Eine gute Übung für dieses Alter wäre, eine Uhr mit Sekundenzeiger zu nehmen und sich auf diesen Sekundenzeiger zu konzentrieren, während er um das Zifferblatt herumwandert. Das Kind sollte dabei nicht abgelenkt werden, weder durch Lärm noch durch Gedanken oder das eigene Herumzappeln. Versuchen Sie, nicht zu blinzeln. Beobachten Sie, wie lange Sie ruhig und konzentriert auf das Zifferblatt schauen können. Man kann einem Kind, während es diese Übung macht, beibringen, die Zeit anzusagen. Erstellen Sie eine Karte mit dem Datum und zeichnen Sie auf, wie lange die Konzentrationsfähigkeit jeweils angehalten hat, so daß Sie die Fortschritte verfolgen können. Versuchen Sie den Zeitraum jeden Tag ein wenig zu verlängern, aber wundern Sie sich nicht, daß es manchmal zu Rückschlägen kommt. Beachten Sie vielmehr die längerfristigen Fortschritte.

Eine gute Übung ist auch, eine Kerzenflamme oder eine Wolke anzuschauen. Das Anschauen von Wolken kann sich in Meditation verwandeln: es ist, als würde der Geist auf der Wolke davonschweben, während sie bestimmte Formen annimmt. Schauen Sie einmal, wieviele verschiedene Formen Sie in der Wolke erkennen können.

Bei sechs- bis zehnjährigen Kindern ist der Verstand noch nicht wirklich ausgebildet. Sie treten durch ihre Gefühle mit anderen Menschen in Kontakt, und sie nehmen unbewußt Gefühle anderer in sich auf, ahmen Kinder und Erwachsene nach, verarbeiten unterschwellige Eindrücke und entwickeln erst allmählich ihre Wahrnehmungsfähigkeit. Vor allem haben sie Spaß an Übungen, bei denen ihre Sinne beteiligt sind.

Es ist wichtig, unter den Kindern, die diese Übungen machen, keine Rivalität entstehen zu lassen. Statt dessen müssen wir betonen, daß sie nur mit sich selbst konkurrieren. Manchmal fühlt sich ein Kind traurig, weil ein anderes Kind etwas schafft, was es selbst noch nicht kann. Vielleicht will es dann gar nicht mehr mitmachen. Es ist hilfreich, alle Fortschritte in einer kleinen Tabelle zu verzeichnen. Diese Übersicht gibt dem Kind einen Anreiz, sich anzustrengen und sich zugleich gut zu fühlen. Kleine Belohnungen für kleine Fortschritte werden es vielleicht motivieren, weitere Anstrengungen zu machen.

Kinder dieser Altersgruppe sollten nach der Meditation aktiv werden, so daß sie ihre Energien erden können.

Künstlerische oder handwerkliche Aufgaben, die Konzentration erfordern, oder Aufgaben, die mit einem Elternteil oder beiden Eltern gemacht werden, können helfen, die Energie, die durch die Meditation frei wird, auf schöpferische Weise zu nutzen. Das Kind selbst wird häufig überrascht sein, wieviel kreativer es bestimmte Aufgaben lösen kann, wenn es häufig meditiert.

Wir haben diese Steigerung der Kreativität und die Verbesserung des Selbstbildes bei einer Gruppe von Zehnjährigen beobachtet – und zwar nach nur zwei Wochen der Übung in einer Schulklasse. Das Kind ist danach vielleicht selbst überrascht, wieviel strahlender die Welt ihm erscheint und wieviel näher es sich nach der Meditation seiner Familie und seinen Freunden fühlt.

Häufig sind das innere Erleben und das, was die Kinder nach außen hin ausdrücken, nicht kongruent. Innerlich mögen sich Unmengen von Gefühlen angestaut haben, während das Kind nach außen hin ruhig und zurückhaltend wirkt. Oder das Kind erscheint nach außen hin als sehr emotional oder sogar chaotisch und destruktiv, während es eigentlich nur versucht, Gefühle von innerer Unsicherheit zu überspielen. Um unsere Kinder wirklich gut lenken zu können, müssen wir erkennen lernen, wie die äußere Erscheinung das Innenleben widerspiegelt.

Kinder zwischen sechs und zehn Jahren sollten fähig sein, mindestens fünf bis zehn Minuten am Tag zu meditieren. Dazu müssen sie es erst einmal gelernt haben, tief in die Meditation hineinzugehen und sich wirklich gut dabei fühlen. Dann wird die Meditation für sie bald zu einem selbstverständlichen Vergnügen werden. Aber zu Anfang bedarf es großer Selbstdisziplin, um den Körper und die Stimmungen zu kontrollieren. Gelegentlich schafft das Kind es wohl wirklich, sich in seine eigenen Tiefen hinein zu versenken und zwanzig oder dreißig Minuten lang ruhig zu sitzen. In jenem Schweigen kann es sehr viele Einsichten gewinnen.

Während Erwachsene zwanzig oder dreißig Minuten lang still sitzen und dabei zugleich die mit Erinnerungen und Gedanken bespielten Tonbänder ihres Verstandes weiterlaufen lassen können, haben Kinder, die so lange ruhig sitzen, wahrscheinlich wirklich keine Gedanken mehr im Kopf. Sie sind noch nicht in jenem Labyrinth von Erinnerungen, Assoziationen und Denkmustern gefangen, in denen die meisten Erwachsenen sich verirren.

Kinder können auch dazu angehalten werden, die Natur zu erkunden, sich in den Felsen, den Vogel oder den Wind zu versenken. Kurze, aber intensive Meditationen, die sich mit Aktivität abwechseln, sind für das Temperament der meisten Kinder am angemessensten.

Die Wissenschaft hat jetzt auf der intellektuellen Ebene erkannt, daß alle Materie aus Energie besteht, die sich zu Masse und Form kristallisiert hat. Aber nur wenige Wissenschaftler haben diese Realität durch ihr persönliches Erleben erfahren. Daß unser Bewußtsein, Energie und Licht das gleiche sind, ist eine Tatsache, die die Wissenschaft mit ihren Instrumenten noch nicht entdeckt hat, die aber durch Meditation und Bewußtseinserweiterung wahrgenommen werden kann. Kinder spüren während des Meditierens Energie, die in ihnen und durch sie hindurch und um sie herumfließt. Sie können es schnell lernen, Energie als Licht in vielfältigen Formen fließen zu sehen, und sie können bei allem, was sie tun, verschiedene Formen der Energie spüren. Viele der Wahrnehmungsübungen sollen uns helfen zu erkennen, wie Energien in uns und in der Natur wirksam werden und wie sie zwischen uns und anderen Menschen hin- und herfließen. Daß alles Energie ist (und daß jeder gefühlsmäßige Austausch zwischen Menschen ebenfalls Energie ist) –, diese Tatsache wird ein Kind, das meditiert, erkennen können. Dadurch kann es allmählich lernen, die Energie in sich selbst und in alles, was es tut, hereinfließen zu lassen.

Auch zum richtigen Zuhören gehört Konzentrationsfähigkeit. Anderen Menschen, der Natur, und dem, was die innere Stimme sagt, zuzuhören, ist unbedingt notwendig, wenn wir zu uns selbst aufrichtig sein wollen. Dies ist das ursprüngliche innere Schweigen, die wahre Unschuld, in der ganz junge Kinder leben, bevor Gefühle unterdrückt werden. Es ist die ursprüngliche Unschuld des Bewußtseins von Adam und Eva im Garten Eden, vor dem Absturz in die Verwirrung und die Unordnung. Es ist der Kontakt mit dem wahren Selbst.

$$e = mc^2$$

Alles ist Energie

Eine Meditationsübung für Sechs- bis Zehnjährige

Beginnen Sie genau wie für die Drei- bis Fünfjährigen mit dem Meer der Entspannung.

In diesem Moment, in dem wir still und entspannt sind, stellen wir uns einmal folgende Szene vor: Wir stehen ganz oben in einem hohen Gebäude, und wir wollen die Treppe hinunter zum Erdgeschoß gehen. Wir setzen einen Fuß vor den anderen und gehen langsam die lange, lange Treppe hinunter. Wir gehen immer tiefer hinunter und setzen langsam einen Fuß vor den anderen: 1 . . . 2 . . . 3 . . . 4 . . . 5 . . . 6 . . . 7 . . . 8 . . . 9 . . . 10 . . . Jetzt gehen wir über einen Treppenabsatz und dann den nächsten Teil der Treppe hinunter. 1 . . . 2 . . . 3 . . . 4 . . . 5 . . . 6 . . . 7 . . . 8 . . . 9 . . . 10 . . . Wir gehen Schritt für Schritt immer weiter . . . 1 . . . 2 . . . 3 . . . 4 . . . 5 . . . 6 . . . 7 . . . 8 . . . 9 . . . 10 . . . Jetzt sind wir ganz unten angelangt und stehen vor einer Falltür, die direkt in unser Herz hineinführt. Wir öffnen die Tür und gehen ein paar Stufen hinunter, geradewegs in unser Herz hinein. *Wir horchen auf das, was unser Herz uns erzählt.* Stell ihm leise eine Frage, nur für dich selbst, nicht laut . . . *Hör* auf die Antwort. Vergiß auf keinen Fall, die Frage zu formulieren.

(*Pause* vor dem Weitermachen.) Jetzt ist alles ganz ruhig. Spür deine Zehen. Stell dir vor, daß deine Zehen sich einfach in Luft auflösen. Spür jetzt deine Füße. Spür, wie sie sich in das Licht, das dich umfließt, hinein auflösen. Keine Füße mehr, nur noch Licht. Spür deine Knöchel und fühle, wie sie verschwinden. Jetzt verschwinden auch noch deine Unterschenkel. Fühl deine Knie und spüre, wie sie verschwinden, wie sie sich in Atome und Energie auflösen. Stell dir vor, daß deine Pobacken und dein Bauch sich auflösen, daß sie zu Luft werden. Spür deine Brust und fühle, wie sie sich vollkommen auflöst. Und jetzt die Arme . . . sie sind so leicht, daß sie ganz und gar verschwinden. Spür deine Schultern; sie lösen sich ins

115

Licht hinein auf. Fühl dein Kinn; es verschwindet ganz und gar ... Jetzt stell dir vor, wie dein Mund, deine Wangen und deine Nase sich in reine Energie, in Licht, auflösen. Deine Augen und die Stirn verschwinden – und jetzt ist der ganze obere Teil deines Kopfes ins Licht hinein verschwunden ... von deinem Körper ist nichts mehr übrig, er hat sich ganz und gar aufgelöst.

Alle seine Atome haben sich in reine Energie, in Licht aufgelöst – nichts ist mehr übrig. Nichts ist mehr übrig, nur dein eigentliches Selbst. Nichts ist mehr übrig außer deiner Bewußtheit, die mit dir auf die Erde kam, als du geboren wurdest, um zu leben, zu arbeiten, zu spielen und in deinem Körper zu wachsen. Aber du hattest vergessen, wer du wirklich bist. Du glaubtest, du wärest dein Körper. Erinnerst du dich jetzt daran, wie es ist, keinen Körper zu haben? Wer bist du? Schwebst du jetzt frei im Raum? Diese Übung kann auch im Liegen gemacht werden, vor dem Schlafengehen oder, wenn das Kind unruhig ist, während der Meditation.

Jetzt holen wir langsam unseren Körper wieder zurück; wir stellen uns vor, daß unser Fleisch, unsere Knochen, unser Blut und unsere Organe wieder zu uns zurückkommen. Wir stellen uns vor, wie unsere Sinne wiederkommen, etwa unser Tastsinn; wir können unsere Knochen und Muskeln wieder fühlen. Unser Geschmackssinn – wir können den Geschmack in unserem Mund wieder spüren–, unser Geruchssinn – wir können unseren Körper riechen und den Raum, in dem wir uns befinden. Unser Gehörsinn kommt zurück – wir können mehr und mehr Geräusche wahrnehmen. Wir können unsere eigene Atmung hören; die Stimmen werden lauter. Was hören wir sonst noch? Zum Schluß kommt unser Gesichtssinn zurück. Wir öffnen unsere Augen und schauen uns um. Was ist das erste, was du siehst? Sieht deine Umgebung verändert aus?

Wahrnehmungsübung

Ein Mitglied der Gruppe muß die Vorbereitungen treffen und die Sitzung leiten. Es ist lustig, die Übung mit verbundenen Augen zu machen; dann sind wir nicht in Versuchung, unsere Augen zu früh zu öffnen, und die Erfahrung wird intensiver. Wir können uns einfach ein paar Stoffstreifen von einem alten Bettuch abreißen und sie als Augenbinden benutzen.

Konzentriere dich darauf, fünf verschiedene Objekte zu berühren, eins nach dem anderen. (Zum Beispiel: einen Wattebausch, rauhes Felsgestein, eine Löwenzahnblüte, ein Kissen, Wasser.) Wie fühlen sie sich an? Ertaste die Gegenstände. Weißt du, was es ist?

Spitz deine Ohren. Nenne zehn verschiedene Geräusche, die du hören kannst.

Nenne verschiedene Gerüche, so viele an Zahl, wie du selbst alt bist, bis zu fünfzehn. (Der Führer kann den »Blinden« im Haus herumführen. Er könnte ihn auch in die Nähe eines Fensters setzen, damit er auch die Gerüche wahrnimmt, die von außen hereindringen.)

Probiere fünf verschiedene Dinge. Spür ganz intensiv den Geschmack (etwa Zucker, Salz, Sahne, Soda, Brot). Weißt du, was du gerade kostest?

Nimm die Augenbinden ab. Geh in jedes einzelne Zimmer des Hauses. Schau dir an, welche Farbe in jedem einzelnen Zimmer am häufigsten vorkommt. Dann geh nur in einen einzigen Raum hinein und versuch, dir alles, was darin ist, zu merken. Verlasse den Raum wieder und schreibe aus dem Gedächtnis alles auf, was du gesehen hast. Kinder, die nicht schreiben können, sollten ihrem Gruppenleiter erzählen, woran sie sich erinnern. Jetzt zeichnest du den Raum und stellst alles, was auf deiner Liste ist, auf deinem Bild an seinen Platz. Versuche, zumindest so viele Dinge aufzulisten und zu zeichnen, wie du an Jahren alt bist.

Diese Übung kann auch im Freien gemacht werden. Wenn viele Kinder teilnehmen, die noch nicht schreiben können, dann kann die Übung abgewandelt werden, so daß sie den Bedürfnissen der Kinder entspricht. Es können auch mehrere Personen »Führer« spielen. Ältere Kinder können sich in dieser Rolle abwechseln. Es muß den Führern deutlich gemacht werden, daß dies auch eine Übung in Vertrauen ist und daß sie dafür verantwortlich sind, daß der, der mit der Augenbinde herumläuft, nicht über etwas stolpert oder in etwas hineinläuft. Es ist sehr wichtig, daß wir nicht irgendwelche Tricks anwenden, sondern daß wir daran arbeiten, das Vertrauen zu stärken.

Meditation mit Elf- bis Fünfzehnjährigen

Kinder zwischen elf und fünfzehn Jahren sind in der Pubertät. Dies ist wichtig für alle Meditationsübungen, die wir mit ihnen machen. Bei Kindern dieses Alters beginnt sich der individuelle Verstand zu entwickeln, ebenso wie die Fähigkeit, sinnvoll zu argumentieren und gedanklich zu differenzieren. Diese Veränderungen werden häufig von dramatischen Persönlichkeitsveränderungen begleitet. Einige Muster, die sich in der Pubertät zeigen, bleiben das ganze Leben lang bestehen. Häufig ist dies eine Zeit sehr starker Gefühlsschwankungen. Die meisten Gefühle werden jedoch versteckt und erscheinen nach außen hin als Launenhaftigkeit, als rebellisches Wesen oder eine ungestüme, heftige Art. Wenn ein Kind in diesem Alter es lernen kann, sich zu öffnen, wenn es fähig ist, zu vertrauen und sich mitzuteilen, dann wird es weniger Probleme haben. Soziale Einflüsse von Gleichaltrigen haben in dieser Zeit ein größeres Gewicht, gewöhnlich, weil zu Haus nur wenig über Gefühle gesprochen wird und weil viele Heranwachsende ihre innere Mitte nicht kennen. Viele Elf- bis Fünfzehnjährige experimentieren bereits mit dem Rauchen, mit Drogen oder mit Sex.

In diesem Alter spielt die Meditation eine wichtige Rolle: sie kann trotz aller Gefühlsstürme ein Zentrum des Friedens schaffen. Jetzt beginnt der Verstand, die Ursachen und Wirkungen bestimmter Handlungen klar zu erkennen. Es ist nötig, in den Wahrnehmungssitzungen für diese Altersgruppe sich diese Ursachen und Wirkungen einmal genauer anzuschauen. Es ist gerade für Jugendliche dieser Altersgruppe wichtig, eine gewisse Sensibilität für psychologische Zusammenhänge zu entwickeln. Man kann dem jungen Menschen zeigen, wie man mitempfindet, was jemand anders empfindet, wie man die Dinge vom Standpunkt eines anderen betrachtet und wie man echte Gefühle ausdrückt. Meist beschäftigt sich der Jugendliche von elf Jahren an bis hinein ins Erwachsenenalter sehr intensiv mit seinen eigenen Problemen; dadurch wird seine Sensibilität für andere blockiert. Wahrnehmungsübungen, die dabei helfen, Schwierigkeiten in der Kommunikation beiseite zu räumen, sind gerade für Teenager sehr wichtig. Wenn sich der Verstand immer stärker entwickelt und wenn die sexuellen Energien die Gefühle einzufärben beginnen, dann wird die Wahrnehmung des Lebens immer mehr durch Filter verschleiert.

Wenn der Verstand nicht darin geübt ist zu erkennen, warum wir so sind wie wir sind und wenn wir unsere Sexualität unterdrücken anstatt sie zu leben, dann wird unsere Wahrnehmung des Lebens in irgendeiner Weise verzerrt sein. Deshalb müssen wir lernen, uns zu öffnen und die Kanäle der Kommunikation freizuhalten, indem wir Gefühle und Probleme miteinander diskutieren und unsere Motive und Sehnsüchte betrachten. Es ist auch wichtig, die männlich-weiblichen psychischen Energien in unserem Körper zu spüren. Wir sind alle sowohl männlich als auch weiblich; wir haben die Anteile beider Geschlechter in uns. Indem wir es lernen, mit diesen Energien umzugehen und sie zu nutzen, gelingt es uns, unsere

Sexualität zu beherrschen, anstatt von ihr beherrscht zu werden.

In einigen öffentlichen Schulen der USA gibt es für Kinder dieser Altersgruppe Unterricht zum Thema »ethische Werte«. Aber nur selten können Kinder ein als sinnvoll erkanntes Wertsystem zu Haus wiederfinden und nur selten können sie sich wirklich hinsichtlich ihrer sexuellen Gefühle in der Schule oder zu Hause wirklich öffnen. Im Bereich ihrer Sexualität sind auch die meisten Erwachsenen sehr verwirrt, und sie sind unfähig, wirklich hilfreiche Ratschläge zu geben, wenn es um dieses Thema geht. Kinder dieser Altersgruppe möchten ihren Empfindungen gerne nachspüren, aber nur wenige Erwachsene und Kinder wissen, daß es wichtig ist, alle – und natürlich auch sexuell Gefühle ganz und gar anzunehmen. Es ist hilfreich, über unsere Gefühle mit anderen Menschen zu sprechen, aber nur, wenn diese ihre eigenen ebenso wie unsere Gefühle als echt und berechtigt akzeptieren.

Die Pubertät öffnet neue innere Energiequellen; die Gefühlswelt verändert sich und der heranwachsende Mensch gewinnt neue Lebensperspektiven. Es ist gut, wenn das heranwachsende Kind selbst eine gewisse Einsicht in diese Veränderungen gewinnt. Es heißt, daß Kindern dieser Altersgruppe durch diese neuen Energien häufig ganz ungeahnte psychische Kräfte zufließen.

In der Pubertät bis zum Alter von etwa achtzehn Jahren treten die wesentlichen Konflikte mit den Eltern offen zutage. Die Wünsche der Eltern geraten häufig in Konflikt mit den Wünschen der heranwachsenden Kinder, obwohl sie vielleicht im Grunde aus demselben Bedürfnis heraus entstanden sind. Eine Mutter, die Angst hat vor Zurückweisung und Kritik, wünscht sich vielleicht vor allem anderen, daß ihre Tochter ganz besonders anpassungsbereit und überall beliebt ist. Die Tochter, die sich ebenfalls vor Zurückweisung fürchtet, schließt sich vielleicht aus Sehnsucht nach engem Kontakt einer Gruppe an, die raucht, trinkt und Drogen nimmt. Als die Mutter das herausfindet, wird sie wütend und hat das Gefühl, ihre Tochter würde sie ablehnen; sie fürchtet, sie selbst und ihre Tochter würden zu gesellschaftlichen Außenseitern werden. Die Tochter ist ebenfalls verärgert und hat das Gefühl, sie könne ihrer Mutter nichts erzählen, sondern müsse sich vielmehr verstellen, weil ihre Mutter sie sonst nicht akzeptieren würde. Das Ergebnis: gestörte Kommunikation. Dieses Muster ist zwischen Kindern und Eltern im Teenageralter sehr häufig zu beobachten.

Im Kleinkindalter identifizieren wir uns mit unseren Eltern und absorbieren viele ihrer psychischen Tendenzen. Häufig läuft das Ganze darauf hinaus, daß wir alte Muster wiederholen, immer mehr Probleme vor uns auftürmen und also im Laufe unseres Lebens immer mehr Karma ansammeln.

Ich habe schon im ersten Kapitel darauf hingewiesen, daß das Durcharbeiten dieses Karmas, dieser Wachstumsangebote, die das Lebens uns macht, uns schließlich zu wahrer Weisheit verhelfen wird. Häufig haben Eltern und Kinder ähnliche seelische Tendenzen, die sie aneinander wahrnehmen und im anderen ablehnen. Wir erkennen nicht, daß das, was uns im anderen aggressiv macht, nur unsere eigene Problematik widerspiegelt. Das Teenageralter bietet gute Möglichkeiten, diese Probleme anzugehen und mit ihnen zu arbeiten. Dadurch, daß wir die Herausforderungen meistern und weise werden, lernen wir die Lektionen, die die Seele durcharbeiten muß, und unsere Liebe wird rein. Wenn wir erst einmal die innere Quelle erreicht haben, dann werden wir unsere Denkmuster und Filter durchschauen, und wir werden wirkungsvoll mit ihnen umgehen können. Wenn wir dies lernen, während wir noch Kinder oder Teenager sind, dann werden wir unser ganzes Leben lang unser eigener Herr sein. Wir können sogar unser Wissen nutzen, um auch anderen Menschen zu größerer innerer Freiheit zu verhelfen.

Um dies zu erreichen, müssen wir lernen, unsere eigenen Muster und Zwänge zu durchschauen und uns von ihnen zu befreien. Durch Meditation, dadurch, daß wir in die Weisheit des Universums eintauchen, beschleunigen wir unsere evolutionäre Entwicklung und beginnen, uns nicht mehr mit unseren zwangsläufigen Verhaltensmustern, sondern mit unserem höheren Selbst zu identifizieren. Wir können uns von dem Strom der evolutionären Energie tragen lassen.

Sogar die schwierigsten persönlichen Probleme eines Teenagers können unter dem karmischen Aspekt von Ursache und Wirkung betrachtet werden. In diesem neuen Licht trennen wir uns vom harten Urteil des »richtig« und »falsch«, das oft Widerstand hervorruft, und richten den Blick auf unsere eigene Verantwortung. Auch wenn ein Kind auf die Konsequenzen einer bestimmten Handlung hingewiesen wird, kann es sich immer noch dazu entschließen, seine eigenen Risiken einzugehen und durch Fehler zu lernen; zumindest aber ist ihm seine Verantwortung deutlich vor Augen geführt worden. Als Vater oder Mutter können wir beispielsweise sagen: »Ich habe das Gefühl, daß du nur deshalb rauchst, weil deine Freunde es auch tun, einfach, um dazuzugehören. Aber Rauchen ist schädlich. Es liegt dir anscheinend mehr daran, von deinen Freunden akzeptiert zu werden als auf deine Gesundheit zu achten. Wie ist denn dein eigenes Gefühl in dieser Sache?« Wenn wir das sagen, dann stellen wir nur Tatsachen fest. Wenn die Eltern ihre Gefühle ganz offen mitteilen, dann wird das Kind bestimmte disziplinierende Maßnahmen der Eltern besser verstehen können. Schließlich wird es das Leben sein, das ihm die Lektion erteilt, wenn die Eltern es nicht tun können. Eltern können dabei helfen, Kinder auf den richtigen Weg zu führen, indem sie ein Beispiel geben, ihnen ihre

Erkenntnisse und ihre Gefühle mitteilen und die Ursachen und Wirkungen von Einstellungen und Handlungen deutlich machen. Sie können die Kinder bestrafen, aber letztlich müssen sie ihnen die Freiheit lassen, sich selbst zu entscheiden. Auf diese Weise bleiben Liebe, Vertrauen und Respekt erhalten, und die Autorität der Eltern wird als etwas Natürliches akzeptiert.

Kinder dieser Altersgruppe können bereits längere Zeit meditieren, da ihre Konzentrationsfähigkeit besser als bei jüngeren Kindern entwickelt ist. Wenn sie jedoch seelische Probleme haben, dann haben sie größere Schwierigkeiten als jüngere Kinder, ihren Geist und ihre Gefühle zur Ruhe zu bringen. Wahrscheinlich müssen sie einige Yogaübungen machen, um ihre überschäumenden Energien zu beruhigen, so daß sie sich beim Stillsitzen wohl fühlen. Teenager sind häufig weniger geschmeidig und gelenkig als jüngere Kinder, und sie sind durch die sich neu entwickelnden seelischen Energien beunruhigt. Sie müssen sich noch stärker bewußt machen, was mit diesen Energien geschieht. Die Dehnübungen für das Rückgrat sind sehr gut dazu geeignet, blockierte Energien wieder zu befreien.

Da Kinder dieses Alters und ältere Jugendliche immer häufiger Drogen nehmen, ist es wichtig, über die Wirkungen einiger Drogen Bescheid zu wissen. Psychedelische Drogen sind eine Zeitlang sehr beliebt gewesen, denn sie können bewirken, daß das Leben mit anderen Augen gesehen wird. Psychedelisch bedeutet bewußtseinserweiternd. Tatsächlich wirken solche Drogen derart, daß Hemmungen beseitigt und schöpferische Vorstellungskraft freigesetzt wird. Ob diese Drogen in konstruktiver oder destruktiver Weise genutzt werden, das hängt von der jeweiligen Person ab. Der *Drang*, die kreative Vorstellungskraft zu nutzen und den Geist zu erweitern, ist etwas Natürliches und steht durchaus mit der Evolution im Einklang. Unsere moderne Kultur hat diese natürliche

Fähigkeit eingeengt: Der Konsum von Drogen ist eine Reaktion auf jene Beschränkungen. Wer Drogen nimmt, versucht, einen Mangel oder eine Leere auszugleichen. Die Übungen, die wir hier vorschlagen, eröffnen einen sicheren, natürlichen Weg, die Vorstellungskraft und den Geist zu entwickeln, und zwar ohne die unnatürlichen und häufig schädlichen Wirkungen, die Drogen verursachen.

Meditationsübung für Elf- bis Fünfzehnjährige

Entspann dich erst einmal mit ein paar Yogaübungen. Du solltest auch eine Rückgrat-Dehnübung (zum Beispiel Beinschlag) machen. Versuch, während der Übung, die freiwerdenden Energien zu spüren, die durch deinen Körper strömen. Welche Seite konntest du leichter strecken und dehnen, die rechte oder die linke? Den meisten Männern fällt die rechte Seite leichter, während es bei den meisten Frauen, vor allem nach der Pubertät, die linke ist. Wir haben nämlich sowohl männliche als auch weibliche Energien in uns. Die linke Seite des Körpers und des Rückgrats leitet die weibliche, rezeptive Energie in bestimmten Bahnen, während auf der rechten Seite des Körpers und des Rückgrats die männlichen, aggressiven, dynamischen Energien wirksam sind. Wenn wir es lernen, die männlichen und weiblichen Energien in uns im Gleichgewicht zu halten, so ist das sehr hilfreich beim Umgang mit unseren sexuellen Energien, die in der Pubertät sehr heftig sind und die uns ein ganzes Leben lang begleiten.

Der Atem fließt stärker durch das eine als durch das andere Nasenloch, und zwar zu jeder Zeit des Tages. Manchmal allerdings fließt der Atem von einem Nasenloch zum anderen; dann ist er in gleichmäßigem Fluß. Dieser Wechsel findet ungefähr alle fünfundfünfzig Minuten statt, außer im Zustand des Ungleichgewichts;

dann bleibt er länger auf der Seite, die stärker ist. Wenn der Atem mehr durch das rechte Nasenloch hindurchfließt, hat der Mensch einen stärkeren Anteil an maskuliner, dynamischer Energie. Wenn er mehr durch das linke Nasenloch hindurchfließt, ist die weibliche, passive Energie stärker. Für den Ausgleich der sexuellen Energien ist ein gleichmäßiges Fließen des Atems wichtig.

Wenn ein Mann ausgesprochen weibliche Tendenzen oder äußerlich gewisse weibliche Züge hat, dann ist es nötig, die rechte Seite zu stärken. Umgekehrt: wenn eine Frau ausgesprochen männliche Tendenzen hat oder ausgesprochen männlich aussieht, dann ist es nötig, die linke Seite zu stärken. Wenn jemand sich zu sehr von sexuellen Gedanken oder Bedürfnissen bedrängt fühlt, dann kann er Abhilfe schaffen, indem er die jeweils andere Seite stärkt: die passive, linke Seite, wenn es sich um einen Mann handelt, und die aggressive rechte Seite, wenn es eine Frau ist. Ein Ausgleich kann geschaffen werden, indem man ein Nasenloch verstopft, um den Energiestrom in dem anderen Nasenloch zu steigern. Diese Übung sollte sehr vorsichtig durchgeführt und nur langsam gesteigert werden. Machen Sie sich dabei bewußt, daß ein *Ausgleich* das eigentlich gewünschte Ziel ist.

Gleichgültig, welchem Geschlecht Sie angehören: Sie können es lernen, Ihre männlichen und weiblichen Energien zu nutzen und zu beherrschen. Wenn wir uns ausreichend auf diese Übungen konzentrieren, können wir ein inneres Gleichgewicht herstellen.

Der sexuelle Akt gleicht die Energien im Körper aus. Genau so ist es mit richtiger Meditation. Wenn die Luft so wie im tiefsten Ruhezustand der Meditation gleichmäßig durch beide Nasenlöcher in den Körper strömt, dann nehmen wir sehr viel Energie in uns auf; und welchen Gedanken auch immer wir denken mögen: er wird sehr kraftvoll sein. Deshalb ist es wichtig, die Gedanken während der Meditation zu kontrollieren. Das gleiche gilt für den sexuellen Akt; dabei kommen unsere Energien ins Gleichgewicht und entladen sich. Es ist wichtig, dabei nur positive Gedanken zu denken, weil die Energien, die dann frei werden, außerordentlich stark sind. Was auch immer im Geist des Mannes oder der Frau in jenen Momenten vor sich gehen mag, wird durch einen machtvollen Schub von Kundalini-Energie entladen. Vergessen Sie nicht: Die Energie folgt dem Gedanken. Viele Paare, die Probleme miteinander haben oder einen inneren Groll spüren, tragen diese Gefühle und Gedanken in den sexuellen Akt hinein. Dort werden sie durch die freiwerdenden Energien noch verstärkt: Dadurch können sich die Probleme auf unbewußter Ebene sogar noch verschlimmern! Die Gedanken, die auf den sexuellen Akt folgen, spiegeln sehr gut wider, wo wir uns gerade befinden und was wirklich in uns vor sich geht. Wenn Mann und Frau sich in der sexuellen Vereinigung nahe kommen, dann kommt es im besten Fall zu einem gegenseitigen Energieausgleich; das bewirkt die Gefühle von Ruhe und Wohlbefinden. Wenn einer der Partner dabei unbefriedigt bleibt, oder auch beide, dann kommt es zu einem Energiestau, und es kann kein Ausgleich entstehen. Gewöhnlich ist der Stau durch psychische, gefühlsmäßige Gründe verursacht. Die folgende Atemübung dient ebenfalls dazu, die Energien im Gleichgewicht zu halten. Sie sollten sie regelmäßig praktizieren, bis Sie gelernt haben, den jeweils männlichen oder weiblichen Energiestrom voneinander zu unterscheiden.

Setz dich bequem und aufrecht hin. Mit dem kleinen Finger der rechten Hand verstopf dein linkes Nasenloch, indem du sanft gegen den Knorpel drückst. Atme, indem du bis sechs zählst, durch das rechte Nasenloch ein. Blockier danach das rechte Nasenloch, indem du mit dem Daumen sanft gegen den Knorpel drückst; halte, während du bis sechs zählst, den Atem an. Heb den kleinen Finger, aber laß das rechte Nasenloch blockiert. Atme, während du bis sechs zählst, durch das linke Nasenloch aus. Dann atme, während du noch einmal bis sechs zählst, durch das linke Nasenloch ein. Verstopf das linke Nasenloch wieder mit dem kleinen Finger und halte, während du bis sechs zählst, den Atem an. Mach das rechte Nasenloch wieder frei und atme beim Zählen von eins bis sechs wieder aus. Atme, während du bis sechs zählst, durch das rechte Nasenloch ein. Wiederhol das Ganze zehnmal und stell dir die Energien vor, die sich im Körper die Waage halten. Stell dir vor, wie sie sich wie ein elektrischer Strom an beiden Seiten deiner Wirbelsäule entlangbewegt, bis du das tatsächlich fühlen kannst. Wenn du die Übung gemacht hast, setz dich ganz ruhig hin und genieße das Gefühl, in einem Zustand von Harmonie und Ausgeglichenheit zu sein. Üb dies so lange, bis du die unterschiedliche Qualität der beiden Energien spüren kannst. Dann kannst du, wenn du deine rezeptive Seite stärken möchtest, bewußt mehr weibliche Energie zu dir heranholen, indem du das rechte Nasenloch verstopfst. Wenn du etwas in Angriff nehmen möchtest und dazu mehr dynamische, männliche Energie brauchst, dann kannst du mehr männliche Energie hereinholen, indem du das linke Nasenloch blockierst.

Ein anderer Anhaltspunkt ist, in den Spiegel zu sehen oder in die Augen eines anderen Menschen. Welches Auge ist größer oder stärker? Das kann sich immer wieder verändern. Das stärkere Auge ist zu jenem Zeitpunkt bei jenem Menschen auf der Seite der beherrschenden Energie.

Nachdem du den Körper entspannt und die männlichen und weiblichen Energien durch die vorangegangene Übung ins Gleichgewicht gebracht hast, setz dich aufrecht in Meditationshaltung und bereite dich auf die folgende Meditation vor, bei der du in deine Mitte hineingehst. Atme rhythmisch ein und aus und konzentrier dich auf das geistige Auge an dem Punkt zwischen den Augenbrauen an der Innenseite deiner Stirn.

Raumschiff-Meditation

Stell dir vor, in deinem Kopf sei ein Raumfahrzeug. Steig in das Raumfahrzeug ein. Schau, welche Farbe es hat. Spür, wie es abhebt und in deinem Kopf in die Höhe steigt, immer weiter hoch, auf seinem Weg ins All vorbei an Millionen von Planeten und Sternen, höher und höher und immer höher ... (Pause) ... du steigst immer weiter hoch ... beobachte, was du siehst. Jetzt saust du wieder hinunter ... hinunter ... hinunter ... hinunter ... hinunter ... hinunter durch das Zentrum der Erde hindurch und auf der anderen Seite wieder hinaus, weiter hinunter, hinunter, hinunter ... ewig ... hinunter ... und jetzt geht es wieder hinauf, hinauf, hinauf, immer weiter hinauf, weiter und weiter fort, dieses Mal in immer weitere Fernen, und nun bewegst du dich immer weiter nach links ... und jetzt nach rechts ... weiter, weiter, weiter, weiter ... Was siehst du jetzt? Jetzt komm zurück zur zentralen Raumfahrtstelle. Du fährst geradeaus weiter, weiter, weiter, weiter, immer geradeaus ... was hörst du? ... immer weiter fährst du jetzt den ganzen Weg zurück, immer weiter und weiter zurück, weiter und weiter und immer weiter zurück ... Jetzt komm langsam zum Zentrum zurück ... komm zurück in den oberen Bereich deines Kopfes; jetzt bist du wieder in deinem Kopf. Steig aus deinem Raumschiff aus. Du bist durch das ganze Universum gereist. Öffne die Augen und schau dich um. Was hast du in deinem Universum gesehen? Meditiere über das ganze Universum; du siehst es so, wie es sich in deinem individuellen Bewußtsein spiegelt.

Wer älter ist als fünfzehn Jahre, kann alle Meditationen machen, die in diesem Buch beschrieben werden. Diese Einteilung in Altersgruppen soll nicht dazu dienen, eine Gruppe gegen eine andere abzugrenzen; die Gruppen sollten vielmehr als Anhaltspunkte gelten, wie man Kindern verschiedenen Alters und mit verschiedenen Bedürfnissen die Meditation nahebringt. Jedes Kind jeden Alters wird auch an den Meditationsübungen für die jüngeren Kinder Freude haben. Es ist eine gute Idee, mit den leichteren Übungen zu beginnen und sich dann den komplizierteren zuzuwenden. Ob eine Übung besonders einfach ist, spielt keine Rolle, vielmehr ist es wichtig, zu einer erweiterten Wahrnehmungsfähigkeit und zu gesteigerter Sensibilität zu gelangen. Gerade die Übungen für Vorschulkinder können besonders wirkungsvoll sein. Machen Sie die Übungen mit allen Ihren Kindern, mit Ihren Freunden und auch allein. Ein fünfjähriges Kind kann natürlich durchaus auch Spaß an Übungen haben, die wir hier unter den Übungen für Zehnjährige beschrieben haben. Lassen Sie das Kind seine eigenen Grenzen finden, indem Sie es so viel wie möglich einbeziehen. Dann sehen Sie, was es akzeptiert und was es zurückweist.

Kinder über fünfzehn Jahre beginnen, sich intensiver um die Erfüllung ihrer eigenen Lebensziele zu bemühen. Wenn wir sie in diesem Lebensalter mit Bewußtseinserweiterungsübungen vertraut machen, dann sind sie dadurch besser befähigt, ihre Wünsche zu verwirklichen. Sie entwickeln zudem gesunde Einstellungen, die die Richtung, in die sich ihr Leben bewegt, beeinflussen.

Für alle Altersgruppen sind die Entwicklung der Konzentrationsfähigkeit, die Fähigkeit, kreativ zu denken und das Entwickeln der sinnlichen und übersinnlichen Wahrnehmungsfähigkeit wesentliche Ziele. Für ältere Kinder ist es zudem noch wichtig, die Gründe zu erkunden, die hinter den eigenen Gefühlen und hinter den Gefühlen anderer stehen.

Wenn wir heranwachsen, beginnen wir, bestimmte psychologische Zusammenhänge und bestimmte Mechanismen immer deutlicher zu durchschauen; wir erkennen, was den sozialen Zwängen zugrunde liegt, und wir sehen die Notwendigkeit, in der Natur und in uns selbst ein ökologisches Gleichgewicht zu schaffen. Schließlich sind wir selbst ja auch ein Teil der Natur. Je besser wir uns auf einen einzelnen Punkt konzentrieren können, desto tiefer wird unser wahres, intuitives Verständnis des Lebens. Das innere Leben gestaltet das äußere Leben, und es ist jener innere Bereich, in dem unsere Kinder und wir selbst uns entwickeln und wachsen müssen.

Unterschiedliche Bedürfnisse
der verschiedenen Familienmitglieder

Betrachten wir einmal verschiedene Familienmodelle, um unsere Meditationsübungen entsprechend gestalten zu können.

Modell A

In unserer ersten Modellfamilie haben Mutter und Vater niemals zuvor meditiert. Es gibt in dieser Familie zwei Kinder von sechs und acht Jahren. Zunächst einmal sollten nur Mutter und Vater allein meditieren, um ein Gefühl für die Wirkung der Meditation zu bekommen. Sie machen auch einige der Übungen gemeinsam. Wenn sie meinen, sie hätten verstanden, wie man es macht, und wenn sie spüren, daß sie in ihrer Mitte sind, dann ist der richtige Moment gekommen, die Kinder mit einzubeziehen. Die Vorbereitung der Eltern dauert vielleicht eine Woche oder einen Monat lang, aber es ist nötig, sich dafür Zeit zu nehmen. Wenn die Eltern dazu bereit sind, dann wählen sie den Zeitpunkt für die tägliche Familienmeditation, beispielsweise den frühen Abend. Zwei- oder dreimal in der Woche, so häufig, wie es in ihren Zeitplan hineinpaßt, erweitern sie die Meditation um eine der Bewußtheitsübungen. Einige dieser Übungen müssen vorbereitet werden. Die Eltern versuchen, sich die Zeit zu nehmen, wirklich Gefühle auszutauschen und zu entdecken, was im anderen während dieser Sitzungen vorgegangen ist. Sie entnehmen diesem Buch Übungen, in die die Sechs- und

Achtjährigen einbezogen werden können. Nachdem die Kinder im Bett sind, machen sie weiter mit einer Übung nur für sich allein.

Modell B

In der zweiten Familie haben Mutter und Vater bereits Erfahrung mit der Meditation. Sie haben vier Kinder im Alter von vier, zehn, zwölf und fünfzehn Jahren. Mutter und Vater wissen bereits, was »Zentrieren«, »in seiner Mitte sein«, bedeutet. Nachdem sie sich mit den Übungen und Meditationsanleitungen in diesem Buch vertraut gemacht haben, fangen sie an, die Kinder mit einzubeziehen. Auch sie wählen sich eine Zeit für die tägliche Familienmeditation und planen die Sitzungen für die Bewußtseinsübungen schon im voraus. Sie beginnen mit einer Übung, an der auch das vierjährige Kind teilnehmen kann. Dann machen sie eine intensivere Bewußtseinsübung mit den drei älteren Kindern, wenn das Vierjährige schon im Bett ist oder irgend etwas anderes tut. Irgendwann tagsüber machen dann die Mutter oder der Vater allein mit der Vierjährigen einige der Übungen, die ihren Bedürfnissen und ihrer Konzentrationsfähigkeit angemessen sind.

Modell C

In unserer dritten Familie sind Mutter und Vater religiös und gehen zur Kirche; aber sie haben niemals zuvor meditiert. Sie haben sechs Kinder im Alter von zwei, fünf, sieben, acht, elf und sechzehn Jahren. Die Eltern in dieser Familie sollten eine bestimmte Zeit festsetzen, zu der sie mit Meditationen und Wahrnehmungsübungen beginnen. Erst wenn Vater und Mutter sich innerlich dazu bereit fühlen, beziehen sie die Kinder mit ein. In dieser Familie sind die Kinder altersmäßig sehr weit auseinander und haben sehr unterschiedliche Bedürfnisse. Eine Meditationsübung für die ganze Familie, bei der auch das

131

Zweijährige mitmachen soll, darf nur ein paar Minuten lang dauern. Aber auch das Fünfjährige ist wahrscheinlich noch sehr zappelig. Am besten ist es, die gemeinsame Meditation auf ein paar Minuten zu beschränken. Zuvor sollte man das kleinste Kind liebevoll ermahnen, sich still zu verhalten, und danach dieses Kleinste und wahrscheinlich auch das Fünfjährige mit etwas anderem beschäftigen. Vielleicht muß ein Elternteil sich mit den beiden Kleinen beschäftigen, während der jeweils andere Elternteil sich mit den anderen vier Kindern befaßt. Zu anderen Zeiten in der Woche können die Eltern meditieren und mit den Kindern entsprechend deren Alter einzeln oder paarweise Bewußtseinsübungen machen, etwa zusammen mit dem Elf- und dem Sechzehnjährigen und ein anderes Mal nur zu dritt mit dem Sechzehnjährigen. Zu einer anderen Zeit machen das Sieben-, Neun- und das Elfjährige zusammen mit den Eltern bestimmte Übungen. Mit der Zeit werden die Familienmitglieder die für sie selbst günstigsten Kombinationen und Zeiten herausfinden.

Modell D

Die vierte Familie ist ein alleinerziehender Vater oder eine alleinerziehende Mutter mit einer unterschiedlich großen Zahl von Kindern. Alleinerziehende Väter oder Mütter finden gewöhnlich die Aufgabe, ihre Kinder zu betreuen und zu erziehen, sehr schwierig. Oft ist der Vater oder die Mutter in dieser Familie sehr belastet, weil er oder sie auf Partnersuche ist und sich mit Arbeit und Aktivitäten außerhalb der häuslichen Sphäre beschäftigt. Das tägliche, gemeinsame Meditieren zu einer bestimmten Zeit erscheint ihm oder ihr vielleicht unmöglich, aber mit ein wenig Planung und gutem Willen ist es durchaus zu schaffen. Der alleinerziehende Elternteil muß vor allem das Zentrieren lernen, bevor die Kinder in die Meditation einbezogen werden – oder aber er oder sie wird die eigene innere Unruhe auf die Kinder übertragen. Eine starke Mitte ist das Wichtigste, was ein alleinerziehender Vater oder eine alleinerziehende Mutter den Kindern mitgeben kann; die Kinder, die oft nur einen Elternteil haben, mit dem sie sich identifizieren können, erfahren dadurch ein Gefühl von Sicherheit.

Wann immer es möglich ist, sollten alleinerziehende Eltern und ihre Kinder zusammenkommen, um miteinander über ihre Probleme zu sprechen, gemeinsam zu wachsen und die Bewußtseinsübungen zu machen. Sie können sich gegenseitig Kraft geben. Wenn ein anderer starker, in sich ruhender Erwachsener dabei ist, so wirkt sich das auf das kindliche Bedürfnis nach Sicherheit sehr wohltuend aus.

Jeder Familie steht es offen, zusätzliche Stärke und neue Einsichten daraus zu gewinnen, daß sie mit anderen Familien zu einem gegenseitigen Austausch zusammenkommt. Alle Teilnehmer können dadurch lernen, über die Grenzen der Familie hinauszublicken und die blinden Flecken wahrzunehmen.

Fünftes Kapitel

Yoga-Übungen
für Kinder und Heranwachsende

Der eigentliche Sinn von Yoga-Übungen ist es, den Körper in einen Zustand zu versetzen, der die Meditation über die Einheit des Universums ermöglicht. Wenn unser Körper unruhig oder schmerzhaft verspannt ist, dann wird unser Geist, anstatt zu meditieren, dorthin wandern, wo wir uns nicht wohl fühlen. Yoga-Übungen werden uns auch dafür sensibilisieren, wie Energie fließt und im Körper blockiert wird.

Wenn wir unter körperlichen Spannungen und Schmerzen leiden, dann sind unsere Nerven und Muskeln blockiert; die Energie kann nicht frei fließen. Körperliche Spannungen sind gewöhnlich Ausdruck von geistigen und gefühlsmäßigen Spannungen, die wir durch Yoga-Übungen besser spüren können. Erst, wenn wir sie deutlich spüren, können wir uns von ihnen befreien. Während wir üben, erfahren wir Geist und Körper als eine Einheit, nicht als etwas Getrenntes. Letztlich manifestiert sich im Körper, was auch immer sich im Bereich des Geistes und der Gefühle abspielen mag, sei dies nun Freude und Gesundheit oder Verletzungen und Schmerzen.

Körperliches Yoga heißt Hatha-Yoga. Hatha heißt Sonnenmond, und Hatha-Yoga bewirkt den Ausgleich zwischen den geistigen und körperlichen, männlichen und weiblichen Energien (den Polaritäten) im Körper. Yoga-Übungen sind für Menschen jeden Alters sehr sinnvoll, um die körperliche und geistige Gesundheit zu pflegen. Sie wurden vor Tausenden von Jahren im alten Indien entwickelt, um den Körper auf die harmonische Natur einzustimmen und den Prozeß der Meditation zu befördern. So wie eine Gitarre richtig gestimmt werden muß, damit ein schöner, harmonischer Laut herauskommt, so muß der Körper auch um seiner inneren Harmonie willen auf die Natur eingestimmt werden. Wer regelmäßig Hatha-Yoga-Übungen macht, ist im allgemeinen seltener krank. Die Körperenergien werden fortwährend gestärkt, und der Mensch wird widerstandsfähig gegen Infektionen. Wenn der Körper sich in einem angenehm entspannten Zustand befindet, wird nur selten eine Krankheit sich darin ausbreiten können.

Durch die Wiederauflade-Übungen, die wir als erstes beschreiben, werden Wille und Konzentrationsfähigkeit entwickelt, und dadurch wird Energie in den Körper hinein und durch ihn hindurch geleitet. Wenn wir diese Übungen machen, können wir es lernen, den Körper mit frischer Lebenskraft, die aus dem Prana gezogen wird, oder auch mit vitalen Energien, die um uns herum in der Luft fließen, wieder aufzuladen. Jedesmal, wenn wir mehr Energie brauchen, können wir die Lebenskraft anzapfen und uns selbst wieder aufladen, genauso wie wir eine Autobatterie mit elektrischem Strom aufladen. Der Körper ist eine Naßzellen-Batterie, die lebenswichtige Energie hereinholt und speichert.

Es ist sinnvoll, einige dieser Übungen täglich zu machen, am besten vor dem Meditieren. Machen Sie so lange Yoga-Übungen, bis Sie sich ausreichend entspannt fühlen, so daß Sie ganz ruhig und gelockert meditieren können, ohne daß der Geist in die verkrampften Waden oder den schmerzenden Rücken wandert. Wenn Sie Hatha-Yoga intensiver betreiben möchten, mehr schaffen wollen als die einfachen Übungen, die wir hier beschreiben, dann nehmen Sie eines der vielen Anleitungsbücher zur Hand. Die geistigen Prinzipien hinter den Auflade-Übungen, die wir in diesem Buch beschreiben, finden sich in Paramahansa Yogandas Übungen, die er 1917 entwickelt hat.

Yoga-Wiederauflade-Übung

Erster Schritt

Stell dich gerade und aufrecht hin, die Füße zusammen, die Hände zu beiden Seiten entspannt herunterhängend. Schließ die Augen und konzentrier dich auf das Zentrum zwischen den Augenbrauen innen in deinem Kopf. Versuch, dort zu einem harmonischen Ausgleich zwischen deiner linken und deiner rechten Seite zu kommen, so, als würdest du auf Schlittschuhen balancieren. Konzentrier dich weiterhin auf jenen Punkt, und stell dir vor, daß du Energieströme durch deine Schädeldecke und durch deinen Nacken hereinziehst. Nutze deinen Willen und deine Vorstellungskraft, um die Energie durch deinen ganzen Körper hinunterzulenken, so daß sie in deinen linken Fuß hineinfließt, während du den Fuß anspannst und dann wieder entspannst.

Während du das wiederholst, wirst du fühlen, wie die Energie von deinem Gehirn deinen Körper hinunter in deinen Fuß hineinfließt. Laß den Fuß einige Sekunden lang sanft vibrieren und dann entspanne dich. Mal dir aus, wie die Energie alle Spannungen aufgelöst und frische Lebenskraft in den Fuß hineingetragen hat. Spür deutlich, wie es in deinem Fuß kribbelt.

Mach dieselbe Übung mit deinem rechten Fuß und dann den ganzen Körper hinauf in dieser Reihenfolge: Linker Fuß, rechter Fuß, linke Wade, rechte Wade, linkes Knie, rechtes Knie, linker Schenkel, rechter Schenkel, linke Pobacke, rechte Pobacke, Unterbauch, Magen, linker Teil des Brustkorbs, rechter Teil des Brustkorbs, linke Schulter, rechte Schulter, linker Oberarm, rechter Oberarm, linker Unterarm, rechter Unterarm, linke Hand, rechte Hand, linke Hälfte des Halses, rechte Hälfte des Halses, Gesicht, Kopfhaut und dann der ganze Körper. Stell dir vor, wie die Lebensenergie hereinfließt; du hast den festen Willen, sie in dich hereinzulassen; du versetzt den ganzen Körper in eine sanfte Spannung, bis er wie ein Motor zu vibrieren beginnt, und entspannst dich dann langsam. Diese Übung wird deinen Körper so weit wieder aufladen, daß du fähig bist, immer weiter konzentriert zu bleiben und daß du deinen Willen und deine Vorstellungskraft nutzen kannst, um die Energie in bestimmte Bahnen zu lenken.

Wenn du wegen Schmerzen oder Lähmungen nicht in der Lage bist, den Körper anzuspannen, dann kannst du diese Übung auch ausschließlich auf geistiger Ebene machen. Wenn irgendein Teil des Körpers krank oder geschwächt ist, oder wenn du Schmerzen hast, dann kannst du auf diese Weise sehr sanft Lebenskraft an dich heranziehen, um den Heilungsvorgang zu unterstützen.

Du mußt dich unbedingt darauf konzentrieren, die frische Energie zu spüren, die durch die verschiedenen Teile deines Körpers hindurchfließt. Vielleicht spürst du so etwas wie winzige Elektroschocks. Während du übst, wirst du deine Konzentrationsfähigkeit steigern, deinen Willen, deine Vorstellungskraft und die Wahrnehmung von Energie intensivieren; und du wirst Blockierungen überwinden, dich entspannen und Muskeln und Nerven stärken.

Wiederaufladen kann auch durch andere Übungen geschehen, die ich im folgenden beschreiben werde. Es handelt sich dabei nicht um Gymnastik. Den Willen, die Sensibilität und die Vorstellungskraft zu nutzen – das ist sogar noch wichtiger für eine Integration von Körper und Seele als das körperliche An- und Entspannen. Kein Teil der Übungen darf vergessen werden. Durch das Beseitigen von Energieblockierungen verhelfen diese Übungen auch zu entspannterem Schlaf. Mach jede Übung grundsätzlich so, wie es in Schritt 1 beschrieben wird und variiere sie dann entsprechend. Mach zwischen jeder Übung eine Pause und spür nach, wie dein Körper darauf reagiert.

Zweiter Schritt

Drehe den Kopf lose zur Seite, fünfmal in eine Richtung. Dabei solltest du sehr sanft deine Muskeln dehnen und niemals eine ruckartige Bewegung machen. Wiederhol das Ganze, indem du den Kopf fünfmal in der anderen Richtung drehst.

Dritter Schritt

Halte die Arme waagerecht vom Körper weg. Dreh sie wie die Flügel eines Flugzeugs nach links, während du die Hüften nach rechts schwenkst. Spür, wie dein Rückgrat sich biegt. Mach dies zur rechten beziehungsweise zur linken Seite zehnmal, indem du deine Arme auf Taillenhöhe senkst und dann wieder zur Schulter heraufziehst. Das Rückgrat muß während dieser Übungen angenehm gedehnt sein.

Vierter Schritt

Leg deine Hände in die Taille. Die Füße stehen leicht auseinander. Das Rückgrat bleibt aufrecht, während du zugleich deinen Oberkörper von der Taille aus herumschwingst, dich nach vorn lehnst, dann nach rechts, dann nach hinten, dann nach links und zurück nach vorn. Wiederhol das ganze fünfmal in jede Richtung.

Fünfter Schritt

Klopf deinen ganzen Kopf sanft mit den Fäusten ab. Die Augen bleiben geschlossen. Du möchtest, daß deine Gehirnzellen geweckt werden. Gehirnzellen, ihr sollt aufwachen! Stell dir vor, daß Energie in dein Gehirn hineinfließt und daß sie sanft die Gehirnzellen und die Nerven zu größerer Aktivität stimuliert. Dann massiere deinen ganzen Kopf und die Kopfhaut leicht mit den Fingerspitzen. Du spürst jetzt, wie du Lebensenergie in dein Gehirn hineinmassierst.

Sechster Schritt

Lauf auf der Stelle, indem du das linke Knie hoch in die Luft hebst und den rechten Arm anwinkelst. Dann hebe das rechte Knie hoch zum Brustkorb und beuge den linken Arm. Geh auf diese Weise fünfzehn Schritte auf der Stelle.

Siebter Schritt

Lauf auf der Stelle. Berühr mit den Hacken deine Pobakken. Mach fünfzehn schnelle Laufschritte, ohne dich vom Fleck zu rühren.

Vergiß nicht: je länger du dich konzentrieren kannst, desto besser sind die Resultate.

Yogahaltung

Bei allen diesen Übungen muß man ein paar Punkte unbedingt beachten. Wenn es heißt: spreiz die Beine so, daß die Füße in einem Abstand von einem Meter oder einen Meter zwanzig auseinanderstehen, dann müssen diese Maße für kleine Kinder verändert werden.

Dehn und streck dich, ohne dich zu überanstrengen. Du solltest deine eigenen Grenzen immer respektieren. Wenn du regelmäßig übst, dann wirst du jeden Tag ein wenig besser werden.

Wenn du einatmest, dann hol Energie in dich herein. Wenn du ausatmest, laß Energie hinaus und streck dich dabei. *Streck dich nur, während du ausatmest.* Mach das Ganze sehr langsam und geh mit dir selbst liebevoll und nachsichtig um. Es ist besser, die Übung langsam, aber richtig zu machen. Mit Geduld wirst du es lernen.

Entspanne dich, wenn du fertig bist, eine Weile in der Totenstellung. Spring nicht gleich wieder hoch. Spür deine neue Ausgeglichenheit und nimm sie mit hinein in die Meditation oder in das, was du gleich tun willst.

Der *Baum*

Stell dich aufrecht hin, die Füße nebeneinander. Stell dir vor, du wärest eine Marionette, ein Püppchen an einem Draht, der deinen Kopf und deinen Rücken gerade in die Höhe zieht. Fixiere unmittelbar vor dir einen Punkt an der Wand. Das wird dir dabei helfen, das Gleichgewicht zu wahren. Während du dich konzentrierst, hebe deinen rechten Fuß und lege ihn auf das linke Knie. Beuge das rechte Knie ein wenig nach rechts. Heb die Arme über den Kopf, streck sie nach oben und laß die Handflächen dabei flach aneinander liegen. Atme ein, dann wieder aus und schiebe, während du die Arme weiter in die Höhe streckst, dein Becken nach unten. Atme noch einmal ein; während du ausatmest laß die Schultern sinken und streck zugleich die Arme noch weiter nach oben. Verharre eine Minute lang in dieser Haltung. Atme ein und komm, wenn du ausatmest, immer wieder herunter. Wiederhol die Übung, indem du deinen linken Fuß auf das rechte Knie legst. Mit Übung wirst du auch diese Position sehr gut beherrschen.

Beinschlag

Leg dich flach auf den Rücken, die Arme horizontal zur Seite ausgestreckt, die Beine zusammen. Dreh den Kopf nach links. Leg den linken Fuß an das rechte Knie, die rechte Hand an das linke Knie. Du läßt jetzt den Kopf weiter nach links gedreht; die linke Schulter bleibt auf dem Boden. Du bringst auch das linke Knie auf der rechten Seite des rechten Beins nahe an den Boden. Streng dich nicht zu sehr an, atme nur ein, und dann, während des Ausatmens, entspanne und streck dich. Streck dich immer nur dann, wenn du ausatmest. Dann atme ein, entspann dich, atme aus, entspann dich, streck dich und fühl, wie der Körper sich dieser Stellung immer mehr anpaßt. Stell dir vor, wie du in dieser Haltung vollkommen entspannt bist, selbst wenn du es in Wirklichkeit noch nicht ganz richtig schaffen solltest. Dein linkes Knie und auch deine linke Schulter sind auf dem Boden. Deine Vorstellungskraft wird dir helfen, dorthin zu kommen, wohin du willst. Noch einmal: einatmen, entspannen, ausatmen, entspannen und strecken. Es könnte sein, daß deine Knochen beim Strecken der Muskeln leise knacken.

Jetzt atme ein und komme, während du auf dem Rükken liegst, in Kontakt mit deinem inneren Zentrum. Spür den Unterschied zwischen der rechten und der linken Seite deines Körpers. Fühl, wie die Energie auf der ausgestreckten Seite leichter und freier fließt. Jetzt mach das gleiche auf der anderen Seite. Dreh den Kopf nach rechts. Lege den rechten Fuß an das linke Knie, die linke Hand an das rechte Knie. Halte den Kopf weiter nach rechts gedreht und die rechte Schulter auf dem Boden, bring das rechte Knie auf der linken Seite des linken Beines nahe an den Boden. Streck dich auch jetzt wieder nur beim Ausatmen. Streng dich nicht an; atme nur aus, entspann dich und streck dich.

Wenn du fertig bist, spür ganz deutlich, wie dein ganzer Körper entspannt ist. Welche Seite konntest du leichter strecken, die rechte oder die linke? Männern fällt gewöhnlich die rechte Seite leichter, Frauen die linke.

Die Kobra

Leg dich mit dem Gesicht nach unten auf den Boden, die Hände mit den Handflächen nach unten neben die Schultern, die Ellbogen auf den Boden. Atme ein und hebe den Brustkorb vom Boden ab; atme aus, stütze dich auf die Arme und beuge dich nach hinten, wobei der Kopf weiter oben bleibt und die Schultern nach unten hängen. Achte darauf, was in deinem Rückgrat vor sich geht. Bei jedem Ausatmen solltest du es ein wenig stärker verbiegen, beginnend mit dem Steißbein bis hinauf zum Hals. Der Bauch bleibt unten, und die Beine liegen fest auf dem

Boden. Atme aus und komm langsam wieder zum Boden hinunter. Entspann dich.

Der Schulterstand (Die Kerze)
Leg dich auf dem Rücken flach auf den Boden, die Hakken nach unten gestreckt und die Handflächen ebenfalls nach unten. Atme ein, dann wieder aus und heb langsam die Beine, bis sie gerade nach oben in die Luft zeigen. Leg die Hände mit flachen Handflächen an den Rücken, um die Beine zu unterstützen. Laß die Ellbogen am Körper. Laß deine Hände das Rückgrat entlangwandern, bis der Rücken und die Beine gerade nach oben zeigen. Preß das Kinn an den Brustkorb und schau ihn dir an. Zieh den Bauch weiter ein und streck dich weiter in die Höhe; deine Fußsohlen zeigen parallel zur Decke. Verharre ein paar Minuten in dieser Position. Streng dich dabei nicht an. Komm langsam wieder herunter. Entspann dich. (Mädchen und Frauen sollten diese Übung oder irgendeine andere Übung, bei der sie die Füße in die Luft strekken, nicht machen, wenn sie gerade ihre Periode haben.)

Der Holzfäller
Stell dich, die Füße etwa sechzig Zentimeter auseinander, aufrecht hin, die Arme über dem Kopf, die Hände wie zum Beten aneinandergelegt. Atme ein und schwing die Hände über den Kopf nach hinten zurück. Beug dich zurück, als würdest du mit einer Axt nach hinten ausholen. Atme aus, während du die Arme schnell nach vorn und nach unten schwingst, und schrei dabei HA! – gerade so, als würdest du ein Holzscheit mit der Axt spalten. Wiederhol das drei- oder viermal. Dies ist eine gute Übung, um die Lungen zu reinigen.

Das Triangel
Stell dich aufrecht hin, die Füße zusammen, die Arme zu beiden Seiten angelegt. Deine linke und deine rechte Seite

sind jetzt im Gleichgewicht. Atme ein; während du ausatmest, spring so, daß die Füße etwa fünfzig Zentimeter voneinander entfernt stehen. Die Arme und Hände sind jetzt zu beiden Seiten waagerecht ausgestreckt, in gleicher Ebene mit den Schultern. Dreh den linken Fuß nach innen und den rechten Fuß nach außen. Atme ein; während du ausatmest, beug dich zur Seite und berühre den rechten Knöchel mit der rechten Hand. Schau auf deine linke Hand, die nach oben weist, wobei die Handfläche nach vorn zeigt. Atme ein- oder zweimal tief ein, um die Brust zu öffnen. Atme ein und richte dich wieder auf. Wiederhol das Ganze zur anderen Seite, wobei du den rechten Fuß nach innen drehst und den linken Fuß nach außen. Zum Schluß der Übung atme ein; während du ausatmest, spring, indem du die Füße zusammenbringst und die Arme wieder nach unten anlegst.

Der Hund

Leg dich mit dem Bauch nach unten auf den Boden, Hände in Höhe der Taille, die Handflächen auf den Boden gedrückt. Spreiz die Beine, so daß die Füße ungefähr dreißig Zentimenter auseinanderstehen; die Hacken sind in der Luft, die Zehen auf dem Boden. Atme tief ein und stütze den Brustkorb mit den Händen vom Boden ab. Ohne deine Hände oder Zehen zu bewegen, atme aus und zieh dich langsam zu den Hacken heran, wobei du die Beine und Arme streckst, die Hüften hoch in die Luft hebst und dabei den Brustkorb den Knien annäherst. Entspann deinen Kopf und deinen Nacken. Atme normal ein und aus. Bei jedem Ausatmen nutze deinen Willen und beweg dich in eine Stellung, die immer ein wenig vollkommener wird. Leg dich danach wieder flach auf den Boden.

Rückenstreckung

Setz dich aufrecht mit gerade ausgestreckten Beinen hin,

die Hacken nach vorn. Drück die Kniekehlen an den Fußboden; das Rückgrat bleibt gerade; der Kopf ist hoch aufgerichtet. Ohne dich anzustrengen, greif so weit wie möglich nach vorn. Halt dich an den Zehen fest – oder so weit unten an den Beinen, wie deine Hände reichen. (Du kannst ein Handtuch um deine Füße herumlegen, wenn du magst, und dann an den Enden des Handtuchs ziehen.) Atme ein und beobachte deinen Körper; atme aus und mach den Rücken gerade, während du den Bauch einziehst und die Schultern straffst. In dieser Haltung atmest du ein- oder zweimal ein. Atme ein, beobachte noch einmal den Körper, und während du ausatmest, beweg deinen Brustkorb langsam wieder auf die Knie hinunter, aber laß das Rückgrat dabei immer gerade. Vergiß nicht, daß du dich nur beim Ausatmen strecken solltest. Beug dich nur so weit hinunter, wie es dir ohne Anstrengung möglich ist. Während du den Brustkorb an die Knie legst, hältst du den Kopf weiter nach oben. Atme ein und richte dich wieder auf.

Der Löwe

Knie dich mit auf die Knie gelegten Händen nieder, das Rückgrat gerade aufgerichtet. Leg die Zunge an den oberen Gaumen. Atme tief ein. Jetzt lehn dich nach vorn und roll die Zunge langsam immer weiter und weiter aus dem Mund hinaus. Jetzt puste auch noch den letzten Lufthauch mit einem wilden Löwengebrüll aus deinen Lungen hinaus. Am besten machst du beim Brüllen auch noch ein ganz wildes Gesicht. Atme ein, setz dich aufrecht hin und wiederhol die Übung. Sie hilft dir, deine Lungen zu reinigen.

Iik und Oouk

Knie dich, die Hände auf die Knie gelegt, nieder. Das Rückgrat bleibt gerade. Bilde mit dem Mund das Wort Iik und dehne dabei dein ganzes Gesicht, deine Augen, Wangen und deinen Mund in ein ganz großes iiiiik. Dein Gesicht wird dadurch seitlich auseinandergezogen. Dann bilde mit dem Mund den Laut oouuuuk, wobei du die Lippen nach vorn schiebst und dabei das ganze Gesicht, die Augenbrauen und den Hals in ein verrücktes Ooooouuuk verzerrst. Wiederhol das mehrmals. Dies ist eine gute Übung, um das Gesicht zu lockern.

Die Totenstellung
Leg dich flach auf den Rücken. Die Füße sind entspannt, die Handflächen zeigen nach oben. Schultern, Pobacken und Beine müssen gleichmäßig auf dem Boden ruhen. Schließ die Augen. Spür, daß dein Körper jetzt nach all den anderen Positionen lebendig und ausgeruht ist, daß dein Geist mit deinem Körper eine harmonische Einheit bildet und genieß den inneren Frieden. Du mußt so entspannt sein, daß du wirklich das Gefühl hast, wie eine Leiche am Boden zu liegen. Um dich noch mehr zu entspannen, stell dir vor, daß deine Muskeln und dein Fleisch von deinen Knochen abfallen, so daß nur noch das Skelett übrig ist. Stell dir vor, deine Knochen lösen sich in Atome auf und fliegen in den Raum hinein fort . . . Nichts davon bleibt übrig . . . außer deinem Bewußtsein.

Sechstes Kapitel

Konzentration und Meditation

Wir können gar nicht genug betonen, wie wichtig eine Steigerung der Konzentrationsfähigkeit für unsere positive Entwicklung ist. Wahre Meditation kann erst dann beginnen, wenn wir fähig sind, unsere Wahrnehmung auf einen Punkt zu konzentrieren. Wenn wir unseren Geist auf eine Sache konzentrieren können, so befähigt uns das, Energie dorthin zu lenken, wohin wir sie haben wollen, und sie dann anzuzapfen, wenn wir sie brauchen. Ob wir nun irgendwelchen tiefschürfenden Gedanken nachhängen, versuchen, eine Tasse Tee nicht überschwappen zu lassen oder unsere Gedanken beruhigen wollen – immer müssen wir uns konzentrieren können.

Konzentration kann nicht durch Anstrengung oder Zwang erreicht werden. Konzentrierenn kann man sich nur, wenn der Geist ruhig und entspannt ist. Wir können uns konzentrieren, wenn wir unseren Willen, unsere Aufmerksamkeit und unser Interesse in eine bestimmte Richtung lenken, so daß wir nur mit einer Sache zur Zeit beschäftigt sind. Um anhaltende Konzentration zu erreichen, brauchen wir nur eine innere Ausgewogenheit zwischen dem in eine bestimmte Richtung gelenkten Willen und der Entspannung.

Die im folgenden beschriebenen Konzentrationsübungen sind sehr wirksam. Mit ihrer Hilfe können wir es lernen, daß uns unsere Konzentrationsfähigkeit den ganzen Tag über verfügbar ist, so daß sie allmählich zu einem festen Charakterzug wird. Die Fähigkeit zur tiefen Konzentration ist vergleichbar damit, daß man das Bewußtsein in einen Laserstrahl hineinlenkt, der so stark energiegeladen und so intensiv ist, daß man hinter die wirkliche Bedeutung bestimmter Verhaltensweisen seiner Mitmenschen und hinter ihre Gedanken schaut und daß man den Sinn des Lebens erkennt. Wenn wir die Konzentrationsübungen machen, dann müssen wir immer wieder und sehr geduldig unseren Verstand, sobald er abzuschweifen beginnt, auf den Konzentrationspunkt zurückbringen. Wenn wir fleißig üben, werden wir unsere Fähigkeiten schrittweise verbessern. Wir werden anfangen, uns selbst und unsere Kinder klarer und verständnisvoller wahrzunehmen.

Konzentration ist der erste und Meditation ist der zweite Schritt. Meditation dehnt das Bewußtsein vom zentralen Punkt der Konzentration ausgehend aus, um das gesamte Universum zu umfassen. Nach der Meditation gehen wir noch einen Schritt weiter: Wir lösen unser Ego, das Gefühl, ein von anderen getrenntes Ich zu sein, auf und verschmelzen mit dem Ganzen, von dem wir selbst ein Teil sind. Dann gibt es keine Trennungen, keine Unterschiede mehr. Es ist schwierig, sich sehr lange auf dieser dritten Stufe zu halten. Unser Ego wird uns immer wieder auf unsere selbstsüchtigen Bedürfnisse zurückzuführen versuchen, bis wir uns durch unsere Blockierungen – unsere Projektionen, Annahmen, Filter und gedanklichen Programmierungen – hindurchgearbeitet haben. Sie sind allesamt in unserem täglichen Leben erkennbar. Es gibt viele Ebenen des Verschmelzens mit der Einheit des Universums. Nur wenn das Ego vollkommen aufgelöst ist, sind wir im Zustand des reinen Bewußtseins.

Die kreative Vorstellungskraft kann uns überall hinführen. Wir müssen sie nur üben. Wenn wir nachts im Bett liegen, können wir uns vorstellen, daß wir oben auf dem Dach des Hauses sitzen und durch die Baumwipfel auf die Sterne am Himmelszelt schauen. Wir können uns sogar vorstellen, daß eine sanfte Brise unseren Körper, unsere Wangen streichelt. Wir spüren, wie sie weich und süß über uns hinwegweht. Unbewußt nutzen wir fortwährend unsere Vorstellungskraft, um unsere Wünsche, Hoffnungen und Befürchtungen zu nähren. Häufig werden unsere Wunschbilder zur Realität, da wir so viel Energie in sie hineinfließen lassen. Wir müssen unsere Träume auf konstruktive und kreative Weise realisieren und genügend Bewußtsein in sie hineinlegen, um unsere Lebensrealität zum Besseren zu verändern. Wenn unsere Vorstellungskraft und unser Wille Hand in Hand gehen, dann sind sie so mächtig, daß sie tatsächlich das, was wir uns vorstellen, zur Realität werden lassen. Deshalb müssen wir vorsichtig sein mit unseren Wünschen, und wir müssen Befürchtungen und Zweifel aus unserem Geist verjagen – sonst könnten sie ebenfalls konkrete Gestalt annehmen. Das müssen wir üben – genauso, wie wir in der Schule das Kopfrechnen üben. Wir üben es, Energie dorthin zu lenken, wo wir Hilfe bekommen, um unsere Wünsche und Vorstellungen zu verwirklichen. Die Meditationen, die den Konzentrationsübungen folgen, helfen, die kreative Vorstellungskraft zu entwickeln, die wir brauchen, um unser Bewußtsein zu erweitern und unser Leben besser in den Griff zu bekommen.

Wenn Sie sich auf eine vollständige Sitzung, entweder allein oder mit Ihrer Familie, vorbereiten, dann planen Sie so, daß Sie mit einigen der Körperübungen beginnen, dann zu einer Konzentrationsübung übergehen und schließlich mit einer Meditations- und mit einer Bewußtseinsübung weitermachen. Wenn Sie nur wenig Zeit haben, dann werden Sie natürlich nicht alles schaffen können. Wählen Sie das aus, von dem Sie meinen, daß es in Ihrer momentanen Situation am wichtigsten ist.

Konzentrationsübungen

1. Zündet eine Kerze an und stellt sie mitten auf den Tisch oder auf den Boden. Setzt euch im Kreis darum

herum, nicht zu nahe. Jetzt konzentriert sich jeder auf die Kerzenflamme. Stell dir vor, du säßest in der Mitte der Flamme. Spür, wie du mit der Flamme verschmilzt. Laß dich von der Flamme verzehren. Spür deren Beschaffenheit. Stell dir vor, daß alle anderen im Kreis ebenfalls in der Flamme sitzen, daß sie mit der Flamme verschmelzen. Wir sind alle eine Flamme, ein Geist, ein Licht. Bleibe, ohne fortzuschauen, so lange wie möglich konzentriert. Nimm wahr, wie der Hintergrund sich bewegt und verändert. Wenn du das Gefühl

hast, daß deine Augen tränen oder müde werden, dann schließt du sie und konzentrierst dich auf den Widerschein der Kerze in Deinem Kopf. Wieder verschmilzt du mit dem Licht und läßt dein Ego darin aufgehen. Bleib bei diesem Bild, so lange du es dir vorstellen kannst. Sicher hast du jetzt das Gefühl, als würde es sich bewegen. Versuch, es langsamer und dann ganz ruhig werden zu lassen, so daß du hineingehen kannst.

Wenn deine Kerzenflamme verschwunden ist, dann schau dich um. Nimm deutlich wahr, wie verändert dir alles vorkommt. Vielleicht siehst du andere Farben und überall im Raum Energieblitze aufleuchten. Schau dir die Luft an. Kannst du erkennen, daß überall kleine Lichtpartikel umhertanzen? Schau ganz genau hin. Diese Übung kann man auch machen, indem man in das Kaminfeuer blickt. Du solltest dich auf keinen Fall zu nahe an das Feuer setzen.

2. Eine andere Konzentrationsübung besteht darin, sich auf den Sekundenzeiger einer Uhr zu konzentrieren, während er herumwandert. Wenn dir ein Gedanke kommt, dann läßt du ihn zu, aber du erlaubst ihm nicht, daß er dich von deinem Konzentrationspunkt ablenkt. Jeder Gedanke ist wie ein Angelhaken, mit dem du, der Fisch, gefangen werden sollst. Prüfe nach, wie lange du dich konzentrieren kannst, ohne an dem Angelhaken eines Gedankens festzuhängen. Miß die Zeit, die du dafür brauchst.

3. Konzentration kann man an allen möglichen Gegenständen üben – an Mandalas, Energiediagrammen, an interessanten Symbolen und Bildern, an einem Baum, einer Wolke und vielem anderen. Konzentrier dich auf ein Objekt deiner Wahl. Beachte, was aus deinen Augen hinaus- und in jenes Objekt hineinstrahlt. Schließ die Augen und erinnere dich an alle Einzelheiten jenes Gegenstandes. Sieh, wie sich das Bild in deinen geschlossenen Augen widerspiegelt. Öffne die Augen und schau dir das Objekt noch einmal an. Nimm es ganz genau, in allen Einzelheiten, wahr und übe dabei deine Konzentrationsfähigkeit.

4. Wähl dir ein Objekt aus. Konzentriere dich darauf und zieh alle deine Energie von deinem Herzen zu dem Punkt auf der Innenseite deines Kopfes zwischen den Augenbrauen hoch, so daß Kopf und Herz durch Energie verbunden sind. Schick die Energie aus dei-

nen Augen hinaus und in jenes Objekt hinein. Jetzt
dehn dich von deiner Mitte her zu jenem Objekt hin
aus. Versetz dich in jenes Objekt hinein. Du solltest
dich selbst ganz und gar in jenen Gegenstand verwandeln. Du spürst, wie dein Selbst vollständig damit verschmilzt, so daß es zwischen dir und ihm keine Trennung mehr gibt. Vergiß dein Selbst. Jetzt seid Ihr beiden eins. Bleib in jenem Zustand des Einsseins und
wiederhol dabei so oft wie möglich die einzelnen
Schritte immer wieder. Selbst wenn du nicht das Gefühl hast, daß es geschieht, stell es dir doch immer
wieder vor, denn dadurch werden Energien freigesetzt, die bewirken können, daß es geschieht. Zwischen
Vorstellung und Realität gibt es nur eine sehr dünne
Trennwand. Beide wirken zusammen; eines hilft, das
andere zu schaffen.

5. Mach die Übung 4 mit jemand anderem. Man kann
   sich dabei in die Augen schauen, oder man kann den
   anderen anschauen, ohne daß er selbst es weiß, beispielsweise während er liest oder schläft. Eine andere
   Möglichkeit für diese Übung im Rahmen der Familie,
   ist, ein Familienmitglied in der Mitte des Kreises sitzen zu lassen, während die anderen um ihn herumsitzen und mit ihm die Übung machen. Jeder, der in der
   Mitte sitzt, wird ein anderes Gefühl dabei haben. Versuch, die jeweils unterschiedlichen Schwingungen
   wahrzunehmen. Man kann es auch so machen: Wer in
   der Mitte sitzt, schaut jedem, der um ihn herumsitzt,
   nacheinander in die Augen. Nehmt das Licht des Bewußtseins wahr, das aus allen Augen gleichermaßen
   herausstrahlt.

6. Diese Konzentrationsübung kann sehr wirksam zu
   einer inneren Sammlung und Beruhigung führen, und
   sie kann auch gemacht werden, während man sich zum
   Meditieren hinsetzt. Es geht darum, einen Ton immer
   und immer zu wiederholen, und ihn rhythmisch an den

Atem anzupassen. Wir beginnen diese Übung, indem wir uns so entspannt wie möglich in Meditationshaltung hinsetzen. Atme langsam durch die Nasenlöcher ein, indem du unhörbar von fünf bis zehn zählst. Dann halte, während du noch einmal zählst, den Atem an und atme dann während eines ebenso langen Zeitraums wieder aus. Vergiß nicht, daß du während jedes Abschnitts in derselben Weise zählen mußt. Wiederhol das Ganze fünf oder zehnmal. Wenn du fertig bist, entspann dich und laß den Atem hinausströmen. Du wirst ein inneres Gleichgewicht spüren, und dein Atmen wird sich verlangsamen.

Diese Übung ist sehr gut für hyperaktive Kinder und für Menschen, die unter starker nervöser Spannung stehen.

Beobachte jetzt deinen Atem, wie er ganz natürlich ein- und ausströmt. Beobachte ihn so, als würdest du jemand anderen beim Atmen beobachten. Wenn dein Atem eine Weile lang drinnen oder auch draußen bleiben möchte, dann laß es zu. Kontrolliere oder zwinge ihn nicht. Laß ihn einfach das tun, was er tun möchte. Wenn du das Gefühl hast, daß wirklich jemand anders in dir atmet, dann sag im Geiste das Wort SA, wenn der Atem hereinfließt, und dann HA, wenn er kurz davor steht, wieder aus dir hinauszuströmen. Noch einmal: SA . . . wenn er hereinkommt, und HA, wenn er hinaus fließt. Entspann dich und richte zugleich deine Aufmerksamkeit auf einen bestimmten Punkt. Wiederhol das Ganze mehrmals und mach es jedesmal ein bißchen länger.

Es gibt viele Meditierende, die diese Übung zwanzig bis dreißig Minuten lang durchhalten und sich sehr wohl dabei fühlen. In vielen Yoga-Schulen wird eine ganz ähnliche Übung gelehrt. Das zu wiederholende Wort wird *Mantra* genannt. Schließlich verschwindet der Atem; das Geräusch wird schwächer, und wir sind

152

ruhig und entspannt in unserer Mitte. Wenn der Geist zu wandern beginnt, dann bring ihn sanft wieder zum *Sa-Ha*-Laut zurück, immer und immer wieder. Vergiß nicht: wir üben es, unseren Geist in eine bestimmte Richtung zu lenken, aber wir können nichts erzwingen. Zwang bringt den Geist dazu, zu rebellieren und verstärkt nur die inneren Widerstände. Wenn dein Geist unbedingt gern herumwandern möchte, dann halte eine Minute lang inne und mach ein Training zum Wecken aller Lebensgeister (so, wie es in der nächsten Übung erklärt wird); dann erst komm zu dieser rhythmischen *Sa-Ha*-Konzentrationsübung zurück. Du kannst diese Übung auch im Liegen zu machen versuchen, aber es ist möglich, daß du dabei einschläfst. Wenn du andererseits Einschlafschwierigkeiten hast, dann versuch es einmal mit dieser Übung; sie wird dir helfen.

Summen und Singen. Das Singen oder Summen von Primärlauten wie *Aaaahhh* oder *Ooommmm* ruft Schwingungen und Resonanzen hervor, die dabei helfen, den Geist zu beruhigen. Wenn sich der eigene leise Singsang mit dem Singen der anderen mischt, dann hört sich das Ganze wie Glockengeläute an. Das Summen und Singen produziert Energien, die Gedankenwellen auflösen können. So solltest du während der Meditation oder immer dann, wenn deine Gedanken abzuschweifen beginnen, nur gerade den Primärlaut *Oooommmm* oder *Aaahhh* tief unten am Zwerchfell zum Klingen bringen.

Nur wenn du dich ganz und gar auf den Laut konzentrierst, wird es klappen. Wenn du ihm hingebungsvoll lauschst, löst du die Schwingungen deiner Gedanken auf. Hör genau zu, nicht mit deinen Körper-Ohren, sondern mit deiner Seele. Spür, wie der Ton überall in dir, in jeder einzelnen deiner Körperzellen vibriert und wie er dich ganz erfüllt. Hör, wie er auch in den

Geräuschen um dich herum vibriert. Horch noch einmal in die dazwischenliegende Stille hinein. Wenn du in einer Gruppe meditierst, dann mußt du, während die anderen singen und summen, sorgfältig zuhören, um ihre Laute mit denen der anderen, die auch summen, in Einklang zu bringen. Einer sollte führen und entscheiden, wann alle zu singen und zu summen beginnen oder aufhören, damit sich keine Störungen und Disharmonien in der Meditation ergeben. Probiert einmal beide Möglichkeiten aus, einmal spontan und einmal mit einem »Anführer«.

Gruppensingsang kann Kindern helfen, für eine längere Zeit zu meditieren. Er kann auch der Familie zu einem stärkeren Gefühl des Zusammenhalts verhelfen. Ein gutes Gruppengefühl entsteht dann, wenn sich jeder konzentriert und auf alle anderen hört und nicht nur für sich auf seinen eigenen »Trip« geht.

Manchmal können ein Gitarrenakkord, Glockenklänge oder andere Musikinstrumente das Singen begleiten. Dies kann ein lustiges Familienkonzert oder eine Konzentrationsübung sein, aber wir müssen dabei wirklich immer in unserer Mitte bleiben. Sehr viel Energie kann durch unser Summen aufgebaut und dann wieder abgelassen werden. Wenn wir unsere Gedankenenergie auf jemanden richten, der krank oder deprimiert ist, kann sie eine heilende oder erheiternde Wirkung auf ihn haben. Er braucht sich nicht mit uns im selben Raum zu befinden. Unser Gedanke ist nicht durch den Raum begrenzt.

Die Meditationen

Während Sie jede einzelne dieser Meditationsübungen machen, greifen Sie immer wieder auf die Zentrierungsmeditation zurück, die im ersten Kapitel beschrieben und hier noch einmal als Beginn der Meditationsübungen angegeben wurde. Es ist die Grundmeditation; sie wird sehr schnell bewirken, daß Körper, Gefühle und Gedanken sich entspannen. Vielleicht möchten Sie sogar jede einzelne Meditationsübung mit einer Zentrierungsmeditation vorbereiten.

Wenn wir sehr junge Kinder zum Meditieren anleiten, dann müssen wir ausreichend Sensibilität für ihre Bedürfnisse entwickeln. Häufig stellen wir fest, daß wir improvisieren oder auch mit besonders viel Nachdruck und Betonung sprechen müssen, um ihre Aufmerksamkeit zu fesseln. Die Stimme sollte sanft, ruhig und lebendig, auf keinen Fall monoton sein. Manchmal müssen wir spontan einige der Wörter ein wenig einfacher formulieren. Allmählich lernen wir, uns auf die jeweilige Situation einzustellen und darauf einzugehen, was jeder braucht. Intuition und Spontaneität sind sehr hilfreich. Manchmal müssen wir vielleicht einige Wörter auslassen und andere hinzufügen – so, wie es der Augenblick erfordert. Die Pünktchen (. . .) bei der Beschreibung unserer Meditationsübungen deuten eine lange Pause an, und sie sind ein Teil des Rhythmus. Lesen Sie die Meditationen sehr langsam vor, und vergewissern Sie sich immer wieder, daß alles richtig verstanden wird.

Nach der Meditation lassen Sie die Kinder über ihre Erfahrungen sprechen. Stellen Sie ihnen Fragen. Was ist Energie? Was heißt: »zentriert« oder »in seiner Mitte« sein? Was ist das Nichts? Nicht Sie, sondern die Kinder selbst sollten die Fragen beantworten. Fragen Sie immer weiter und bringen Sie damit die Gespräche in Gang. Die

Kinder äußern ihre eigenen Gedanken und Sie selbst leiten das Gespräch, damit niemand vom Thema abschweift. Diese Meditationsübungen sollten häufig wiederholt werden. Sie folgen den natürlichen Mustern von Rhythmus und Autorität. Die Praxis ist immer hilfreicher als ein rein theoretisches Wissen. Lassen Sie sich inspirieren und wandeln Sie Ihre Meditationen immer wieder ein wenig ab.

Anfangsmeditationen

Setz dich bequem hin, das Rückgrat gerade aufgerichtet, aber dennoch entspannt. Schließ die Augen. Entspann deinen Körper. Spann den linken Fuß an ... und entspanne ihn wieder. Während dieser Übung solltest du nach und nach alle deine Nerven und Muskeln entspannen. Spann die linke Wade an – und entspanne sie wieder. Spann die rechte Wade an – und entspanne sie wieder. Entspanne jeden einzelnen Teil deines Körpers ganz und gar. Entspanne erst den linken Oberschenkel, dann den rechten Oberschenkel, dann die linke Pobacke, die rechte Pobacke, den Unterbauch und Magen, dann den linken Teil des Brustkorbs, den rechten Teil des Brustkorbs, den linken Unterarm und die linke Hand, den rechten Unterarm und die rechte Hand, den linken Oberarm, den rechten Oberarm, die linke Schulter, die rechte Schulter, den Hals, das Gesicht, den Kopf und die Muskeln der Kopfhaut. Entspann auch die Muskeln hinter den Augen. Atme tief ein und laß alle Gefühle, die sich in dir angestaut haben, hinaus. Du fühlst dich locker und entspannt und bist zugleich sehr wach und aufmerksam. Dein Körper ist ruhig und friedlich. Deine Gefühle sind beruhigt. Dein Geist entspannt sich und ist ruhig. Schau in dich hinein und, ohne dich anzustrengen, nach oben.

Stell dir einen Punkt zwischen den Augenbrauen auf der Innenseite deiner Stirn vor. Auf diesen Punkt konzentrier jetzt all deine Aufmerksamkeit. Konzentrier dich, aber bleib weiterhin entspannt. Wenn Gedanken kommen, dann sträub dich nicht gegen sie; laß sie einfach durch dich hindurchfließen und bring deine Aufmerksamkeit jedesmal, wenn sie abzuschweifen beginnt, wieder zurück zum Konzentrationspunkt. Üb dies ein paar Minuten lang. Prüf jetzt einmal nach, ob du deinen Herzschlag spüren kannst . . . Du spürst jetzt den Rhythmus des Ein- und Ausatmens. Geh in deine Mitte hinein. Von jenem Punkt aus bekommst du einen frischen Schub an Energie und Bewußtheit.

Zuhör-Meditation

Schließ die Augen und setz dich aufrecht in Meditationshaltung hin, die Beine gekreuzt, den Rücken gerade und die Hände auf den Oberschenkeln oder Knien nach oben gewandt. Hör jetzt ganz genau zu, wie du atmest . . . ein und aus . . . horch, wie dein Atem beim Zuhören langsamer wird, immer langsamer und langsamer . . . Konzentrier dich auf dein Herz und hör zu, wie es in deiner Brust schlägt . . . Hör deinem Herzschlag zu und nimm wahr, ob er ebenfalls langsamer wird . . . Jetzt zieh Energie von deinem Herzen hoch in deinen Kopf hinein. Schau in deinen Kopf: auf die Stelle zwischen deinen beiden Augenbrauen an der Innenseite deiner Stirn. Schau auf jene Stelle an der Innenseite deines Kopfes und lenke deine Aufmerksamkeit immer, wenn sie zu wandern beginnt, an jene Stelle zurück. Dort ist die Tür zum Zentrum deines Seins, zur Energiequelle in dir. Das ist der Ort, wo du dir deiner selbst am klarsten bewußt wirst. Frag dich: »Was ist es, was jetzt in mein Bewußtsein dringt?« . . . Jetzt konzentrier alles, was du fühlst oder denkst, genau auf diese Stelle und spür, wie dich tiefer Friede durchströmt, tiefer als der Schlaf in der Nacht. Frag dich: »Kann ich in diesem Zustand des Friedens bleiben?« . . . Spür nach, ob du dort bleiben kannst ... Jetzt komm aus deinem inneren Zentrum, aus der Quelle, heraus – ganz langsam kommst du aus jenem inneren Auge heraus und zurück in dein Herz. Frag dich: »Was geschieht in meinem Herzen?« Jetzt werde dir wieder deines Atems bewußt. Beobachte deinen Atem ... und jetzt öffne die Augen. Spür, wie du erfrischt und lebendig bist, ganz so, als hättest du in friedlicher Energie gebadet.

Fünf-Sinne-Meditation

Bevor du anfängst, frag dich: Was sind die fünf Sinne? Wofür benutzen wir sie? Wie orientieren wir uns mit ihrer Hilfe in unserer Welt? Was denkst du darüber?

Jetzt laß uns meditieren. Setz dich gerade und aufrecht hin. Laß uns jetzt in die Quelle, in das innere Zentrum hineingehen. Schließ die Augen. Tu so, als seist du bisher blind gewesen. Du hast nie zuvor Farbe, Menschen, Sonne, Bäume gesehen ... Nun verstopf dir die Ohren mit den Fingern ... und bring alle Geräusche zurück in die innere Quelle ... stell dir vor, daß alle Energie in deinen Nerven, die du nutzt, um damit zu fühlen und zu tasten, wieder in die Quelle zurückfließt ... Nun stell dir vor, du kannst nichts mehr riechen ... und jetzt stell dir vor, du kannst nichts schmecken: alle deine Sinne sind in das innere Zentrum, in die Quelle hinein verschwunden. Konzentrier dich auf die Quelle und laß dein eigentliches Selbst in dieser Quelle, in diesem Zentrum aufgehen ... Das Leben ist Rhythmus, die Natur ist Rhythmus, Leben und Tod, Nacht und Tag, wir atmen ein und aus, ein und aus. So bringen wir also in der Meditation auch die ganze Energie unserer fünf Sinne zurück in das innere Zentrum, und dann lassen wir die Energie wieder in unsere Sinne hinfließen: Wir brauchen sie, um in der Welt zu leben. Ein und aus ... Jetzt stellen wir uns vor, daß unsere Sinne zurückkehren ... unser Geschmackssinn; wir können

wieder den Geschmack in unserem Mund wahrnehmen
. . . unser Geruchssinn; wir können unseren Körper, den
Raum und die anderen Körper wieder wahrnehmen . . .
unser Tastsinn; wir können unsere Knochen und Muskeln
wieder fühlen . . . unser Gehör; wir können wieder mehr
und mehr Geräusche hören . . . und wir können unser
Atmen vernehmen. Was sonst können wir hören? Horch
einmal . . . Zuletzt kommt unser Gesichtssinn wieder.
Wir öffnen jetzt die Augen und schauen uns um. Was
sehen wir als erstes? Sehen die Dinge anders aus?

Triangel-Meditation

Setz dich gerade und aufrecht in Meditationshaltung.
Deine Handflächen sind geöffnet; sie liegen auf deinen
Knien oder Oberschenkeln. Sei ganz still. Konzentrier
dich intensiv auf den Punkt zwischen deinen Augenbrau-
en in deinem Kopf. Versuch, dort dein inneres Zentrum
zu finden. Stell dir vor, daß sich dort, in jenem Zentrum,
ein Magnet befindet, der dich in sich hereinzieht. Dein

Herz und alle deine Gefühle und Gedanken strömen zu jenem Magneten hin . . . Jetzt fühl einmal die Mitte der Handfläche in jeder Hand . . . Fühl, wie deine beiden Handflächen ein wenig von Energie kribbeln, während du einen Energiestrom zwischen deiner linken und rechten Hand herstellst, dann zwischen deiner rechten Hand und dem Zentrum zwischen den Brauen in deinem Kopf und zwischen jenem Zentrum in deinem Kopf und der linken Handfläche. Spür, wie die Energie in alle drei Zentren hineinfließt, ein Dreieck von Energie zwischen deinen beiden Händen und deinem Kopf. Spür, wie das Zentrum in deinem Kopf immer stärker wird. Schau nach innen. Was spürst du? Was siehst du?

Abwandlung: Konzentration auf das Zentrum in der Mitte des Brustkorbs, auf das Herzzentrum, das diesmal statt des Kopfes oberster Punkt des Dreiecks ist.

Herzschlag-Meditation

Setz dich aufrecht in Meditationshaltung hin. Konzentrier dich auf den Punkt zwischen den Augenbrauen in deinem Kopf. Stell dir vor, daß das eine sehr ruhige, stille Stelle ist . . . so still, daß es dir so erscheint, als würde dein Atem wie ein starker Wind herein- und hinauswehen. Jedesmal, wenn du einatmest, ziehst du den Wind in das stille Zentrum hinein. Jedesmal, wenn du ausatmest, bläst du den Wind in das ganze Universum hinaus . . . (lange Pause) . . . Jetzt stell dir deinen Herzschlag vor und spür ihn deutlich . . . (lange Pause) . . . und ebenso den Herzschlag von allem anderen . . . den Herzschlag der Sonne etwa, und stell dir dann vor, daß auch alle Sterne ein Herz haben, das schlägt. Spür den Herzschlag des ganzen Universums in jedem Atemzug. Stell dir vor, daß alles von einem kosmischen Herzschlag lebendig gehalten wird . . . der so schlägt, wie eine kosmische Trommel, die niemals zu schlagen aufhört . . .

Om-Meditation

Setz dich aufrecht in Meditationshaltung hin. Schließ die Augen und schau nach innen. Schau dir die winzigen Lichtpunkte oder die kleinen explodierenden Farbflecken an. Jetzt drückst du, während deine Augen weiter geschlossen sind, deine Daumen oder Zeigefinger gegen die Ohren, um alle Geräusche auszuschalten. Hör auf die inneren Geräusche. Du mußt ganz ruhig sein, um sie zu hören. Konzentrier dich auf diese Geräusche ... horch hinter jenen Geräuschen nach einem noch intensiveren, tiefer liegenden Laut. Leg dein ganzes Selbst in das Geräusch hinein ... summ ganz leise den Laut, den du hörst ... horch noch einmal in das Schweigen hinein ...

Jetzt stell dir vor, jenes innere Geräusch sei ein Motor, der das ganze Universum antreibt. Geh in das Geräusch hinein. Spür, wie es dein ganzes Sein in Schwingungen versetzt ... das ganze Universum zum Schwingen bringt ... Versetz dich wirklich dort hinein ... Und jetzt, während du noch immer zuhörst, öffne die Augen und mach deine Ohren wieder frei. Kannst du immer noch dasselbe Geräusch hören? Hör sorgfältig zu ... Kannst du hören, wie es alle Atome im ganzen Universum in Bewegung versetzt? Hör ganz genau zu. Summe dazu den Laut *Oo-ommm. Ooommm ... Ooommm*. Spür, ob dich der Laut den ganzen Tag lang begleitet; und in der Nacht, wenn du im Bett liegst.

Jetzt legen wir uns einmal im Kreis nieder; unsere Köpfe berühren sich in der Mitte wie die Nabe eines Rades. Horch noch einmal auf den Om-Laut und sing ihn leise vor dich hin, wenn du ihn hörst. *Ooommm, Ooommm*. Spür wie er in allen Köpfen wie Elektrizität vibriert. *Oo-ommm*. Spür, wie alle deine Zellen mit dem Laut mitschwingen. Ruh dich ein Weilchen aus in dem Echo und der Ruhe, die darauf folgen.

Singsang-Meditation

(Es ist gut, diese Meditation vor der Spiegelübung zu machen, die auf Seite 202 beschrieben wird.) Wir setzen uns in Meditationshaltung hin und schließen die Augen. Während wir leise vor uns hinsingen, laß uns schauen, ob wir dem Ohr des Ohres zuhören können ... dem inneren Ohr, das hört, was das Ohr uns schickt. Wir sollten uns deutlich bewußt sein, daß das eine, einigende Prinzip, die innere Schwingung des Universums, dasselbe bei den anderen Teilnehmern der Gruppe bewirkt. Geh in das innere Ohr hinein, in denselben Raum, der in jedem anderen ebenso wie in dir selbst ist. Fühl die Schwingungen jener Einheit des Universums, die durch dich und die anderen hindurchgehen. Hör dem einen zu, bis du die Gruppe als ein Selbst, ein Körper, ein Instrument wahrnimmst. Laßt uns singen. *Oooommmm. Oooommmm.* (Summ ein wenig, während du zugleich auch aufmerksam zuhörst ...) Jetzt lausch in die Stille hinein, indem du bei dem einen, einigenden Prinzip in jenem tiefen Zentrum des Seins verharrst. Mach dir eines klar: Wenn du die Augen öffnest, wird jene Einheit des Universums durch das »Auge des Auges« hindurchsehen, genau wie es durch das Ohr des Ohres gelauscht hat. Jenes einigende Prinzip wird sich in den anderen wiedererkennen, und es wird auch aus den Augen der anderen herausstrahlen.

Die Kreis- und Punktmeditation

Setz dich gerade und aufrecht hin und werde ganz ruhig. Konzentrier dich auf das Zentrum zwischen den Augenbrauen in deinem Kopf. Schau in das Zentrum hinein: dort ist ein Punkt mit einem Kreis. Du bist der Punkt und der Kreis ist die Welt ... Schau einmal, welche Farbe dein Punkt und welche Farbe dein Kreis hat. (Machen Sie diese Übung sehr langsam und lassen Sie Ihren eigenen

Rhythmus zusammen mit dem der Kinder schwingen . . .)
Ganz still . . . ganz leise . . . Jetzt schenkst du dem kleinen Punkt, der du selbst bist, deine Liebe; und während
du liebst, wird der Punkt immer größer und dehnt sich aus
zu einem Kreis: Je mehr du aus tiefstem Herzen liebst,
desto größer wird der Kreis . . . er wird größer und größer und immer größer – und ist immer noch sehr still –
und größer und größer und größer – und immer noch
sehr still – und größer und größer und größer, bis plötzlich der Punktkreis und der Kreis darum herum eins sind.
Du bist eins mit der ganzen Welt . . . (Machen Sie, solange das Kind jetzt ganz ruhig ist, eine Pause.) Welche Farbe
hatte dein Punkt? Welche Farbe hatte dein Kreis? Welche
Farbe hat beides zusammen? Je mehr du liebtest, desto
größer ist er geworden. Wußtest du, daß der Kreis aus
vielen einzelnen Punkten, genau wie du selbst, besteht?
Alle Menschen auf der Erde sind wie Punkte, aus der die
Welt, der große Kreis, besteht.

Wir sind Eins-Meditation

(Eine Meditation, die man gut vor Gruppen-Bewußt-
seinsübungen machen kann. Nimm dir dafür Zeit.)
Setz dich in Meditationshaltung hin. Konzentrier dich
auf den Punkt zwischen den Augenbrauen in deinem
Kopf. Bleib in jenem Zentrum, während du Energie vom
Herzen hochziehst, und bring sie hinauf zu jenem Punkt
zwischen den Augenbrauen. Zieh immer weiter Energie
von deinem Herzen hoch zum Zentrum zwischen den
Augen hinter der Stirn. Jetzt stell dir einen Punkt im
Zentrum des Gruppenkreises vor und schicke Energie
vom Punkt zwischen deinen Augenbrauen zu jenem
Punkt im Zentrum des Kreises. Jetzt dehn dich, von jenem Punkt ausgehend, aus, um den ganzen Kreis und
jedermann, der darin ist, einzuschließen. Spür, wie du mit
dem Kreis und mit allen, die dazugehören, verschmilzt.

Verschmilz damit, bis du dieser Kreis bist und fühl die innere Einheit des Universums. Laßt uns gemeinsam in dieser Einheit des Universums summen oder singen: *Ooommm*.

Du bist Licht

Leg dich bei dieser Meditation flach auf den Rücken. Deine Arme liegen an den Seiten, die Handflächen in der Totenstellung nach oben gewandt. Spür deine Zehen. Stell dir vor, daß deine Zehen verschwinden: sie werden zu unsichtbaren Atomen, die in der Luft kreisen. Spür deine Füße. Spür, daß sie sich in das Licht um dich herum auflösen. Keine Füße, nur Licht. Spür deine Fußknöchel – und wie sie verschwinden. Jetzt verschwinden deine Beine. Spür deine Knie und wie sie verschwinden, wie sie sich in Licht auflösen. Stell dir vor, daß auch deine Gesäßbacken und dein Magen sich in Licht und Luft auflösen. Spür deinen Brustkorb – er verschwindet ganz und gar. Jetzt die Arme . . . sie sind so leicht, daß sie verschwinden. Spür deine Schultern; sie verschwinden ins Licht hinein. Spür dein Kinn und wie es sich auflöst – in Atome, Elektronen, Protonen, Neutronen, Photonen von Licht, aus dem es be steht. Jetzt stell dir vor, daß sich dein Mund, deine Wangen und deine Nase ebenfalls in reine Energie, in Licht auflösen. Deine Augen und deine Stirn verschwinden: Jetzt ist der ganze obere Teil deines Kopfes ins Licht hinein verschwunden . . . Es ist kein Körper mehr übrig; er ist gänzlich zu Energie geworden. Alle seine Atome haben sich in reine Energie, in Licht, in »nichts« aufgelöst. Nichts ist mehr übrig, nur dein wahres Selbst. Nichts ist mehr da, außer deinem Bewußtsein . . . das auf die Erde kam, als du geboren wurdest, um in deinem Körper zu leben und zu wachsen. Aber du hast vergessen, wer du eigentlich bist. Du hast geglaubt, du wärest dein Körper. Erinnerst du dich jetzt daran, wie es ist, keinen Körper zu haben? Keine Gedanken? Wer bist du?

Der Brunnen

Mach mit beiden Händen eine Faust und klopfe überall sanft an deinen Kopf. Befiehl deinen Gehirnzellen, aufzuwachen. Setz dich auf und schließ die Augen: Du gehst jetzt geradewegs in deine Mitte hinein. Laß uns in die Quelle tauchen, als würden wir einen Eimer in einen Brunnen senken und Lichtenergie heraufziehen ... Laß jetzt jene Energie aus der Quelle durch alle Teile des Körpers strömen, um sie mit Licht und neuer Wahrnehmungsfähigkeit, neuem Bewußtsein zu umspülen. Laß das Licht durch den Kopf strömen, durch den Brustkorb, die Arme, den Rumpf, die Pobacken, die Beine und Füße. Wasche und reinige deinen Körper gründlich mit Licht.

Gras-Meditation

Geh an einem sonnigen Tag hinaus und setz dich bequem und entspannt hin. Du schaust auf eine grüne Fläche von Gras. Stell dir vor, du verwandelst dich in das Gras. Spür jetzt, daß du Gras bist. Erfahr dich selbst als Gras, das im Wind wogt. Das Gras scheint heller, lebendiger, frischer ... Spür deine grüne Farbe, funkelnd und hell, und vielleicht auch das Gefühl von Kühle oder Feuchtigkeit, selbst dann, wenn die Sonne scheint. Halt Zwiesprache mit dem Gras. Erfahr seine Reinheit. Erfahr sein Eins-Sein mit dem Leben in dir. Bleib bei dieser Vorstellung, bis sie für dich zur Wirklichkeit geworden ist.

Mandala-Meditation

Hefte das Mandala, das auf Seite 215 abgebildet ist, an eine Wand und setz dich in einem Abstand von einem bis anderthalb Meter davor. Schau dir das schwarz-weiße Symbol genau an. Jetzt schließ die Augen und drück die Finger auf die geschlossenen Lider. Du drückst etwa eine Minute lang sanft auf die Augäpfel. Was siehst du? Siehst du dasselbe Symbol, das schwarz-weiße Schach- brett- Energiemuster, das sich darin bewegt? Jetzt setz dich aufrecht in Meditationshaltung hin und konzentrier dich mit Herz und Geist auf das Zentrum des Mandalas. Richte wirklich alle deine Aufmerksamkeit auf jenes Zen- trum. Du fühlst dich, als würdest du dort hineingezogen, so, als würdest du in einen See weißer Energie hineintau- chen ... Laß deine Aufmerksamkeit nicht abschweifen ...

Jetzt, da du im Zentrum bist, fang an, dich von dort aus in das ganze Mandala hinein auszubreiten. Schau, wie sich Energiespiralen wie die Blütenblätter von Blumen ent- wickeln. Jetzt schau wieder zurück zum Zentrum, wobei du das ganze Mandala mit dir in das Zentrum zurück- bringst. Siehst du, wie die Spiralen sich in die eine und dann in die andere Richtung drehen? Welche Farben siehst du? Schau weiter hin. Siehst du Funken weißen Lichtes, die vom Papier aus aufblitzen? Laß sie in dich hinein- und aus dir hinausschießen. Stell dir vor, daß du einen langen Tunnel entlang in das Zentrum hineinwan- derst. Du gehst direkt in das Zentrum hinein, durch dieses Zentrum hindurch, und kommst auf der anderen Seite in das reine Licht hinaus – in einen vollkommen offenen Raum. Dein ganzes Sein ist in diesem offenen Licht. Du solltest das Gefühl haben, daß du Lichtenergie, reines Bewußtsein bist.

Schutz-Meditation

Manchmal machen Kinder und Erwachsene während der Meditation erschreckende Erfahrungen. Vielleicht sehen wir, wie in Träumen oder Alpträumen, Monster oder Teufel. Aber im Unterschied zum Alptraum sind wir in der Meditation in einem Zustand der Wachheit und Be- wußtheit, und wir können zu jeder Zeit unser Bewußtsein kontrollieren. Wir können uns vor uns selbst schützen.

Monster oder Teufel sind ein Teil unseres Bewußtseins; einiges, was man uns eingeredet hat, verfolgt uns noch heute. Wenn sich irgend etwas Erschreckendes abzeichnet, können wir schnell unseren Willen nutzen und sagen: Ich bin Herr meiner selbst. Fort mit dir, Teufel, fort mit dir, Monster. Wir können dies in der Meditation tun, um alle Furcht und negative Energie zu vertreiben und sie durch Liebe, Licht und Glückseligkeit zu ersetzen. Manchmal senden uns Menschen bestimmte negative Schwingungen; mit dieser Meditation können wir uns davor schützen.

Wenn du jemals Angst hast, daß du schlechten Schwingungen ausgesetzt seist, daß dich Monster oder böse Mächte angreifen würden, dann ruf sofort dein höheres Selbst zu Hilfe, den weißen Knappen in seiner glänzenden Rüstung. Schließ die Augen und sei ganz still. Stell dir vor, daß ein wunderschönes weißes Licht durch die Schädeldecke wie ein tosender Wasserfall in dich hereinfließt und deinen ganzen Körper füllt. Spür, wie das weiße Licht in dein Gesicht, deine Augen, Ohren, deine Nase und in deinen Mund hereinfließt. Spür, wie es deinen Hals und deinen Brustkorb hinunterströmt und an deinen Armen und Händen entlangfließt. Jetzt stell dir vor, daß es dein Herz ganz und gar erfüllt, so hell und voller Seligkeit ... Es strömt, gleichmäßig und weiß, in deinen Bauch und dann hinunter durch deine Gesäßbacken und deine Oberschenkel, durch deine Knie, Waden und Füße und schließlich durch deine Zehen wieder hinaus. Du hast das Gefühl, als hättest du dich in einen weißen Wasserfall von Licht verwandelt. Spür seine frische Energie, wie sie in dich herein, durch dich hindurch und um dich herum strömt, wie sie dich von allen furchtsamen Gedanken oder Gefühlen reinigt und dich wie ein Schutzschild schützt, dich mit ihrem süßen, sanften Licht liebevoll umhüllt. Jede Zelle deines Körpers ist mit diesem Licht angefüllt. Verharre eine Weile in diesem Zustand des Friedens.

Vergiß nicht: du bist Herr deines Bewußtseins, und du kannst mit deiner Vorstellungskraft und deinem Willen alles in Liebe und Licht verwandeln. Deine Vorstellungskraft und dein Willen sind wie ein Engel, der seinen Zauberstab immer für dich bereithält.

Raumschiff-Meditation

Stell dir vor, in deinem Kopf sei ein Raumschiff. Geh in dein Raumschiff, direkt im Zentrum deines Kopfes, hinein. Schau, welche Farbe es hat. Spür, wie es abhebt, und wie es durch deine Schädeldecke hindurch immer weiter hinaufsteigt, immer weiter und weiter hinauf, auf seinem Weg an Millionen von Planeten und Sternen vorbei . . . weiter und weiter hinauf . . . beachte, was du siehst . . . jetzt fährst du in deinem Raumschiff wieder hinunter . . . weiter und weiter hinunter . . . hinunter durch das Zentrum der Erde hindurch und auf der anderen Seite wieder hinaus, hinunter, hinunter . . . immer weiter hinunter . . . jetzt steigst du wieder hinauf, immer weiter hinauf . . . weiter, und diesmal höher und immer höher, hoch, hoch hinauf . . . Jetzt reist du nach links . . . weiter und immer weiter . . . jetzt nach rechts . . . weiter, weiter und weiter . . . Schau dich um und nimm wahr, was du siehst . . . Jetzt komm zurück zur zentralen Raumstation und fahr einfach waagerecht geradeaus, weiter und weiter und weiter . . . was hörst du . . .? Weiter und immer weiter geht die Fahrt . . . jetzt fährst du den ganzen Weg zurück, zurück, weiter zurück, weiter und immer weiter zurück, und immer noch weiter zurück geht die Fahrt . . . Jetzt näherst du dich langsam wieder dem Zentrum . . . kehr zurück in die obere Hälfte deines Kopfes; jetzt bist du wieder in deinem Kopf. Verlaß jetzt dein Raumschiff. Du bist bist jetzt durch das ganze Universum hindurchgereist. Du bist das Licht des ganzen Universums . . . Öffne die Augen und schau dich in deinem Universum um.

Was hast du dort gesehen? Meditiere über das ganze Universum als über etwas, was du in deiner eigenen Wahrnehmung erfährst, in deinem eigenen Bewußtsein...

Eine Reise durch den Weltraum

Konzentrier dich auf das Zentrum zwischen deinen Augenbrauen in deinem Kopf. Dies ist das geistige Auge. Schau es dir, während du ganz und gar ruhig bleibst, eine Weile lang an. Jetzt konzentrier deine Aufmerksamkeit auf den obersten Bereich deiner Schädeldecke. Du fühlst dich jetzt ganz leicht und stellst dir vor, wie ein Trichter von Energie wie ein weißer Tornado von oben in deinen Kopf hineinschießt. Spür, wie zwischen den beiden Zentren, dem Zentrum zwischen den Augenbrauen und dem an der obersten Stelle des Kopfes, ein Energiekreis entsteht. Du spürst jetzt, wie dein Gehirn in all dieser Energie badet ... Jetzt richtest du deine Aufmerksamkeit auf deinen Nacken und läßt die Energie dort ebenfalls hineinfließen ... und weiter nach unten zum Zentrum deines Herzens. Du fühlst, wie alles im Zentrum deines Herzens, dem Zentrum unserer Liebe, zusammenfließt. Spür, wie alles zu einem einzigen Zentrum zusammenschmilzt. Das Zentrum zwischen deinen Augenbrauen oben in deinem Kopf, dein Nacken und dein Herz verschmelzen alle ... Jetzt summen wir alle den Om-Laut, um das ganze Universum mit Musik, mit Liebe zu erfüllen. *Oooommmm Oooommmm* ... Hör dem Schweigen zu ... Fühl, wie die Energie weiter in deinen Bauch hineinströmt und dann hinunter in den untersten Wirbel deines Rückgrats. Stell dir vor, daß wir diese ganze Energie auf die Erdoberfläche zurückbringen und sie dort erden, bereit, jetzt das in Angriff zu nehmen, was wir tun wollen. Stop! Was soll als nächstes getan werden? Denk nach! Wie willst du es tun? Öffne die Augen und laß die anderen wissen, was du tun möchtest. Wenn es in Ordnung ist, dann tu es.

Alles geschieht in deinem Innern

Schließ die Augen und setz dich in Meditationshaltung hin. Atme tief durch die Nase die Luft ein. Spür, wie deine Nase Gerüche registriert. Woher weißt du, daß du etwas riechst? ... Dein Gehirn erhält die Botschaften von den Nerven in deiner Nase ... Was sagt dir, daß du hörst? ... Dein Gehirn erhält die Botschaften von den Ohren ... Jetzt nimm den Geschmack in deinem Mund wahr ... Was sagt dir, daß du etwas schmeckst? ... Dein Gehirn erhält die Botschaften von der Zunge ... Jetzt spür deinen Körper von innen und fühl, wie die Luft draußen daran entlangstreicht ... Was sagt dir, daß du etwas spürst und ertastest? ... Das Gehirn ... Jetzt beweg dich nicht ... öffne nur die Augen. Ohne irgend etwas anderes als deine Augen zu bewegen, schau um dich. Was sagt dir, daß du etwas siehst? Dein Gehirn empfängt die Botschaften, die ihm die Augen schicken. Dein Gehirn ist wie ein riesengroßer Bote – eine große Telefon-Schaltstelle. Wer ist am anderen Ende des Telefons? Zu wem schickt das Gehirn seine Botschaften? Wem sagt es etwas? DIR ... Kannst du dir etwas vorstellen oder denken, was du nicht innerhalb deines eigenen Bewußtseins erfährst, innerhalb deines Kopfes? Alles ist in dir. Sterne, die Sonne, der Weltraum, das Universum, alles ist in dir.

Schwerkraft- und Strahlungsmeditation

(Diese Übung sollte sehr langsam gemacht werden.)
Du sitzt sehr, sehr ruhig in Meditationshaltung und konzentrierst dich auf den Punkt in deinem Kopf zwischen den Augenbrauen. Zieh dein Selbst in das Zentrum des Kopfes, tief in das Gehirn herein. Schau es dir genau an. Fühl und sieh die Wellen und Blitze von Licht und Energie, die in das Zentrum hereinkommen. Geh zurück

in deinen Kopf. Stell dir vor, du ziehst alles in dieses Zentrum, in dem dein Selbst ist, hinein: alles, was du hörst, siehst, berührst, schmeckst, riechst, denkst, träumst, dir vorstellst, alle Sterne, alles Licht und alle Geräusche, alle Gedanken und Gefühle – alles ziehst du in dieses Zentrum herein . . . Ein schwarzes Loch zieht alles in sich hinein, wie ein Zentrum der Schwerkraft . . . Bleib eine Weile bei dieser Vorstellung; zieh alles in dich hinein und spür deine intensiven Gefühle. Dein Selbst ist leer und voll zugleich . . . Wenn du alles in dich hereingezogen hast, dann sei still und nimm wahr, wie erfüllt von allem du bist . . .

Jetzt werden wir alles wieder hinausschicken . . . Fang an, Energie aus diesem Zentrum der Ruhe hinauszuschicken, hinaus, hinaus, hinaus, hinaus über die dünnen Wände deines Kopfes, hinaus in die Luft, den ganzen Raum mit Energie füllend . . . Durch die Wände des Hauses in den Himmel hinaus . . . die Bäume . . . die Stadt . . . die ganze Erde . . . Stell dir vor, du seist die Sonne, du strahltest Energie hinaus über die Meere, die Berge, die Felder. Dehn dich immer weiter aus, schick alles aus dir heraus wieder in die Welt zurück . . . Jetzt bist du im äußeren Weltraum und beobachtest, wie sich die Erde weiter und weiter von dir entfernt . . . Du dehnst dich weiter und weiter aus, über die Sonne und über die Milchstraße hinaus. Du fühlst dich so leicht und fließend, als seist du nichts. Jetzt bist du im reinen Weltraum, weit fort von den Sternen; du bist ein reines Nichts. Nichts und alles, Finsternis und Helligkeit, es ist alles dein Selbst.

Alles ist Energie

Schließ die Augen und werde in der Meditation ganz ruhig . . . ganz ruhig, so, als würde die Welt aufhören, sich zu drehen . . . Jetzt stell dir vor, daß etwas in dir sich langsam zu bewegen beginnt. Alles, was du in dir siehst, ist herumwirbelnde Energie ... Stell dir vor, daß die vielen verschiedenen Gegenstände im Zimmer aus Energie gemacht sind, aus winzigen Energieatomen ... Stell dir vor, daß jede deiner Körperzellen aus Energie besteht und Energie in sich hereintrinkt ... Stell dir deine Gefühle als Energie vor, die sich in dir bewegt; alle deine Gedanken bestehen aus Energiewellen, und alles, was du dir vorstellen kannst, ist Energie ... Wenn du jetzt deine Augen öffnest, dann schau geradeaus. Kannst du, während du in die Luft schaust, winzige Energiemengen erkennen, die gegeneinanderprallen? ... Schau in jemandes Augen ... siehst du, daß Licht darin glitzert? Schau dich im Zimmer um ... Sieh nach, ob du erkennen kannst, daß von allem, was sich im Raum befindet, an allen Stellen Energie und Licht ausstrahlt? ... Was erleuchtet denn die Energie, die du siehst? ... Ist es die Energie selbst, die in allem ist? ... Ist es die Sonne? ... Ist es das Licht deines eigenen Selbst, das aus deinen Augen hinausstrahlt? ... Ist es alles das zusammen? ...

Energie folgt den Gedanken

Denk an etwas, was du an dir ändern möchtest an irgendeine Verbesserung, die du dir wünschst. Bevor Du zu meditieren beginnst, entscheide dich, was es sein soll. Vielleicht wünscht du dir mehr Willenskraft, möchtest liebevoller oder hilfsbereiter sein, oder du wünscht dir, dich beim Lesen besser konzentrieren zu können oder ein As in Mathematik zu werden. Vielleicht möchtest du auch vier Kilo abnehmen, mit dem Rauchen aufhören oder ähnliches. Entscheide dich, was du möchtest ... Meditation kann dir einen Energieschub vermitteln, der dir hilft, deine Vorstellungen zu realisieren. Schließ die Augen und entspann dich. Setz dich zum Meditieren hin und entspanne, so, wie du es in der anfänglichen Meditation gelernt hast, jeden einzelnen Muskel. Spür, wie sich dein

ganzer Körper lockert, von den Zehenspitzen bis zum Scheitel, so daß du ihn nicht länger fühlst. Du bist irgendwo anders. Laß alle deine Gefühle von dir abgleiten ... laß sie davonfliegen ... so daß nichts übrigbleibt als ein wunderbarer innerer Frieden ... Du bist entspannt, weil deine Gedanken davonfliegen, und du läßt dich auf einem fliegenden Teppich dahintreiben, im leeren Weltraum segelnd ...

Jetzt denken wir in dieser leeren Stille einen neuen Gedanken ... Denk genau an das, was du an dir selbst verändern möchtest. Stell dir vor, daß du dich schon in der Weise, wie du es dir wünschst, verändert hast. Mal dir aus, wie es wäre. Sieh dich bereits an dem Punkt, bereits verändert ... Stell dir dein neues Ich vor ... Nimm deutlich wahr, daß du eine kraftvolle Energie in Bewegung gesetzt hast, um deine Träume zu realisieren. Laß keinen anderen Gedanken herein, vor allem keine Zweifel. Wiederhol diese Übung immer wieder, so daß du das neue Denkmuster verstärkst; wenn es stärker ist als das alte, wird es zur Realität werden ... Aber vergiß nicht, daß du nur etwas wünschen solltest, was dich oder die anderen nicht verletzt. Was auch immer du jemand anderem an Energien zufließen läßt, wird zu dir zurückkommen, so wie ein Ball vom Boden abspringt, denn es gibt nur eine Energie, eine Quelle, ein Selbst. Wenn du jetzt deine inneren Bilder vor dir sehen und die neue Veränderung in deinem Sein spüren kannst, dann zähl bis drei, komm zurück in deinen Körper und spür die Veränderung.

Nach dieser Meditation kannst du einmal demonstrieren, wie das Newtonsche Gesetz arbeitet – daß auf jede Aktion eine gleiche und jeweils entgegengesetzte Reaktion folgt. Laß einen Ball springen oder nimm irgend etwas anderes, um deinen Kindern und dir selbst zu zeigen, wie diese Energie wirkt. Dasselbe Gesetz von Aktion und entsprechender Reaktion gilt für die Gedanken und Gefühle, die du anderen entgegenbringst.

Diese Meditation kann abgewandelt werden, indem man nur jeweils eine Veränderung zu einem bestimmten Zeitpunkt in Angriff nimmt; die ganze Gruppe kann darüber, zusammen mit dem, der sich verändern möchte, meditieren. Jedermann stellt sich diesen Menschen als schon verändert vor und steuert ein wenig von seiner eigenen Energie bei, damit sich diese Veränderung realisiert. So können wir stärker an der Veränderung der anderen teilnehmen und ihnen dabei helfen. Wir können diese Meditation auch abends kurz vor dem Einschlafen machen. Anstatt uns selbst etwas Bestimmtes zu suggerieren, denken wir einen positiven Gedanken, so daß wir für das Problem, das uns bedrückt, eine Lösung finden. Wir programmieren uns dahingehend, daß wir während des Schlafes oder am nächsten Tag eine Lösung finden werden. Dann schlafen wir eine Nacht darüber und geben dadurch dem Unterbewußtsein eine Chance, uns entweder im Traum oder kurz nach dem Aufwachen die Lösung zu zeigen.

Siebentes Kapitel

Evolutionäre Bewußtseinsübungen

Bei diesen Bewußtseinsübungen kommt es zu ganz unterschiedlichen Formen des Kontaktes, entweder auf individueller Ebene, zwischen zwei Teilnehmern, oder auf Gruppenebene. Die Übungen dienen dem Zweck, die eigenen Gefühle kennenzulernen und sie mitzuteilen, das Bewußtsein zu erweitern und tiefere Liebe und Freude im Zusammensein mit anderen zu empfinden. Über den Bereich der Familie hinaus können sie auch in Schulen gemacht werden und als Spiele, die Kinder und Erwachsene gemeinsam mit Freunden spielen können.

Wenn wir während der Meditationsübungen und der Bewußtseinsübungen Fortschritte machen, entdecken wir, daß wir einander ganz genau, bis in die Seele hinein, kennenlernen. Je mehr wir uns dem Zentrum nähern, desto klarer können wir sehen, desto weniger Filter haben wir. Vergiß nicht: Der einzelne Mensch nimmt alles durch sein individuelles Bewußtsein hindurch wahr. Die wahre Natur der Beziehungen zu unseren Kindern im Hinblick auf Autorität, Disziplin, Respekt, Vertrauen und Offenheit wird in unseren Sitzungen ganz klar, wie durch einen Spiegel, zurückreflektiert. Sei dir bewußt, daß du diese Widerspiegelung wahrnehmen wirst. Halt danach Ausschau. Wie ein Film wird sie uns über uns selbst und über unsere Familiensituation etwas zeigen. Jeder wird die Haltungen des anderen wieder zurückspiegeln. Jeder muß sich bei den Sitzungen voll einbringen, damit sich wirkliche, bedeutsame Veränderungen ergeben können.

Mach alle Übungen und wiederhol dann die, von denen

du meinst, daß sie am meisten bewirken, immer und immer wieder. Jedesmal eröffnen sich neue Aspekte. Kinder, die diese Übungen machen, werden auf ganz natürliche Weise lernen, ein egozentrisches Verhalten zu überwinden, und sie werden ihre Energie in konstruktive Bahnen lenken.

Es gibt bei Menschen sieben Grundebenen der Bewußtheit. Diese Ebenen wurden im zweiten Kapitel kurz besprochen. Wir haben schon erwähnt, daß wir alle diese Ebenen in uns haben; sie sind untereinander verbunden. Gewöhnlich haben wir eine oder zwei Ebenen, die dominieren und die sehr deutlich den Weg vorzeichnen, auf dem wir mit der Welt in Kontakt treten. Eine der wesentlichen Ursachen für Mißverständnisse von Menschen untereinander ist, daß wir nicht verstehen, woher der andere kommt. Wir wissen in Wahrheit nicht, warum er so denkt wie er denkt. Warum redet Thea immer über die Zukunft? Warum redet David immer über Sex, Essen und Geld und seine Frau Julia über die Zeit, als die Kinder klein waren und immer so lustige Sachen machten, genau die Sachen, die sie selbst auch zusammen mit ihren Schwestern gemacht hat? Der Grund dafür ist: Alle diese Leute werden von unterschiedlichen Bedürfnissen und Motiven gelenkt und leben auf unterschiedlichen Ebenen. Jede Ebene ist wie eine eigene Welt und bietet eine unterschiedliche Art oder Qualität der Liebe. (Siehe das Schaubild auf Seite 35).

Menschen, die aus diesen unterschiedlichen Welten kommen, können einander häufig nur schwer verstehen. Gewöhnlich reden wir nur aneinander vorbei; es sei denn, wir könnten uns wirklich in jemand anderen einfühlen und gemeinsam mit ihm seine Welt erfahren. Sonst könnten wir erleben, wie jemand etwas von seiner Ebene aus sagt und es dann ganz falsch von unserem Standpunkt aus interpretieren. Folgender Satz drückt etwa aus, was hier gemeint ist: »Ich weiß, daß du glaubst, du verstehst, was ich gesagt habe, aber ich bin nicht sicher, ob du weißt, daß das, was du gehört hast, wirklich das ist, was ich gemeint habe.«

Viele der folgenden Übungen können uns helfen, uns wirklich in die anderen, in ihre Welten einzufühlen. Sie sollen uns helfen, Liebe und Kommunikation auf allen sieben Ebenen auszutauschen.

Übungen für sieben Ebenen des Teilens

Vorstellungskraft – Violett

1. Rollenspiele
Die ganze Familie macht gemeinsam Rollenspiele. Jeder einzelne entscheidet, welchen Typus er spielen möchte, und dann räumen wir einen Teil des Zimmers aus und schauspielern ganz spontan. Jeder ist in seiner Rolle so frei, wie es ihm möglich ist.

2. Drama
Ein Kind ist der Regisseur und teilt die Rollen zu, die jeder spielen soll. Die Kinder können abwechselnd Regisseur sein. Vielleicht ist die Mutter einmal das Baby und Susi ist die Mutter. Was auch immer der Regisseur anordnet – die anderen müssen ihm folgen. Jeder muß sein ganzes Selbst in die Rolle hineinlegen und sie so echt wie möglich spielen.

3. Psychodrama
Jedes Familienmitglied verwandelt sich in jemand anders und spielt die Rolle jener Person so gut wie möglich. Wählt eine Szene aus, beispielsweise das Essen; dann sollte jeder die Rollen tauschen und so essen, wie die Person, dessen Rolle er spielt.

4. Erzähl mir eine Geschichte!

Wir erzählen die Geschichte alle gemeinsam. Einer beginnt, und dann macht der Nächste weiter, um die Geschichte fortzusetzen, immer so weiter, bis die Geschichte ein Ende findet. Du solltest so wild und phantasievoll wie möglich erzählen. Nimm das Ganze, wenn möglich, auf Tonband auf. Hat die Geschichte eine bestimmte Bedeutung? Drückt sich darin die Persönlichkeit von jedem einzelnen aus?

(Die folgenden Sätze für die Kommunikation auf der Ebene der Vorstellungskraft sollten zugleich bei der Entwicklung des Willens helfen; so kann uns unsere Vorstellungskraft noch bessere Dienste leisten.)

5. Schaufensterpuppe

Schließ die Augen. Stell dir vor, daß du gleich deinen Körper auseinandernehmen wirst. Erst nimmst du die Füße ab und legst sie direkt neben dich auf den Boden ... Dann nimmst du deine Beine fort und schraubst sie, genauso, wie es richtig ist, auf die Füße drauf ... Jetzt entfernst du auf dieselbe Weise deinen Rumpf, den Magen, den Brustkorb und die Pobacken und setzt sie an die Beine an ... Jetzt nimmst du die Arme und legst sie dorthin, wohin sie auf dem Brustkorb gehören. Paß sie an ... Jetzt leg den Hals und den Kopf an den Rumpf an. Du mußt dich vergewissern, daß sie auch richtig passen. Jetzt liegt dein Körper neben dir und du selbst bist übriggeblieben. Frag dich: Wer bin ich? ... Wer bin ich? ...

Jetzt werden wir gleich unseren Körper wieder zurückbringen. Bring deinen Kopf und deinen Hals zurück. Dann deine Arme, den Rumpf mit Brustkorb, Bauch und Po ... paß deine Beine wieder an deinen Rumpf an, und dann die Füße. Jetzt sind alle Teile wieder zusammen. Öffnet eure Augen. (Sie können allen die Augen verbinden, wenn einige der jüngeren Kinder es schwierig finden, die Lider geschlossen zu halten.)

6. Wahrsagen mit einer Glaskugel

Beim Wahrsagen lenken wir unseren Verstand ab und erlauben der Vorstellungskraft, sich ungehemmt auszudrücken. Setz dich vor einen Spiegel. Setz dich bequem hin und entspanne dich ganz und gar. Schau in den Spiegel. Schau hinter seine Oberfläche und in seine Tiefen hinein. Lern den Spiegel wirklich kennen. Schau ihn dir ganz genau an. Was macht ein Spiegel? . . . Stell dir vor, daß die Oberfläche des Spiegels gefärbt ist. Schau dir die Oberfläche des Spiegels an und vergiß dabei nicht, daß er eine bestimmte Farbe hat. Achte darauf, daß die Farbe tatsächlich auf dem Spiegel erscheint. Wenn du die Farbe wirklich sehen kannst, dann stell dir etwas Einfaches vor, etwa einen Baum oder einen Wagen. Dann projiziere Tiere darauf, und schließlich Menschen. Achte darauf, daß du das Bild, das du sehen möchtest, in deinem Kopf behältst und weise andere Bilder, die sich in deine Vorstellung einschleichen möchten, zurück.

Wenn du diese Übung machst, wirst du lernen, auf welche Weise die Macht der Vorstellung Bilder und Ansichten auf den Spiegel des Lebens projizieren kann. Um wirklich gute Wirkungen zu erzielen, mußt du dich ganz und gar entspannen.

7. Gehirn-Ausdehnungsübung

Jeder setzt sich hin, das Gesicht in dieselbe Richtung gewandt. Schließ die Augen. Stell dir vor, du sitzt in der Mitte des Zimmers und das Zimmer ist ein großer Kasten. Stell dir weiter vor, daß sich in jeder Ecke dieses Kastens ein Magnet befindet. Es gibt acht Ecken: vier oben, wo die Decke und die Wände zusammenstoßen, und vier unten, wo der Boden und die Wände zusammenstoßen. Du selbst sitzt genau in der Mitte. Jetzt stell dir vor, daß dein Geist gewachsen ist und sich um die Box herumgewunden hat, so daß die Box in deinem Geist ist und daß du selbst in deinem Geist sitzt. Atme mit geschlossenen

Augen tief ein, laß dann deinen ganzen Atem wieder hinausströmen und schick ihn in Gedanken zu der oberen linken Ecke des Kastens. Spür, wie der Magnet den Atem festsaugt. Spür, wie der Magnet an deinem Gehirn zieht als würde er das Gehirn in sich hereinziehen. Laß den Atem wieder von sich aus zurückkommen und dann blas ihn wieder hinaus zur oberen linken Ecke des Kastens. Spür, wie der Magnet an deinen Gehirnzellen zerrt, dein Gehirn ausdehnt. Jetzt atme noch einmal in Richtung der oberen, linken Ecke aus ... Diesmal werden wir den Atem, wenn er wieder hereinkommt, zur oberen, rechten Ecke wieder hinausströmen lassen; wir spüren, wie der Magnet an unseren Gehirnzellen zieht und sie aufweckt. Jetzt atme noch einmal aus zu jener vorderen, oberen, rechten Ecke. Spür, wie dein Gehirn wächst. Atme noch einmal zu jener Ecke hin. Dann geh weiter zur rückwärtigen, oberen, rechten Ecke und atme aus, wobei du spürst, daß sich der hintere Teil deines Gehirns in dieselbe Richtung ausdehnt. Wiederhol dies in dieser Ecke dreimal. Dann gehst du zur rückwärtigen, linken, oberen Ecke – und wiederholst das Ganze dreimal. Du mußt spüren, daß der Magnet eine große Anziehungskraft hat.

Mach das gleiche mit den vier unteren Ecken am Boden. Ein Partner kann die Anweisungen wiederholen und den Meditierenden in die richtige Ecke lenken, bis dieser die Übung auswendig gelernt hat. Du fühlst, daß die Wände verschwinden. Stell dir ganz deutlich vor, daß die Magneten Sterne sind, Zentren von Lichtenergie, die deine Gehirnzellen, die auch Sterne sind, zu sich heranziehen. Du selbst sitzt im Zentrum des Universums.

8. Traumdeutung (nach der Gestalttherapie)
Nimm einen Traum, oder einen Teil eines Traums, wenn du dich nicht an alles erinnern kannst, und beschreib ihn jemandem. Der andere schreibt die Hauptpunkte und die Hauptcharaktere auf, so, wie sie ihm beschrieben werden.

Dann geh zurück zum Anfang der Beschreibung und erzähl den Traum noch einmal; aber diesmal bist du selbst alle Teile des Traums. Wenn in dem Traum beispielsweise ein Raum vorkommt, dann bist du der Raum und sagst: »Ich bin ein dunkler Raum; ich bin grün und in meinen Ecken sind Spinnweben.« Wenn in dem Traum eine Uhr vorkommt, dann beschreib dich selbst als die Uhr. Werde die Uhr. Was für ein Gefühl ist das? »Ich ticke laut und gehe ein wenig nach.«

Auf diese Weise mußt du dich in alles, was in dem Traum vorkommt, verwandeln. Benutze immer das Wort »ich«. Wenn in dem Traum beispielsweise ein behaartes Ungeheuer vorkommt, dann sag: »Ich bin ein behaartes Ungeheuer« und beschreib, wie du aussiehst. Wenn deine Mutter in dem Traum vorkommt, dann ist sie ein Teil von dir, und du beschreibst deine Mutter, indem du sagst: »Ich bin eine . . .« Der andere muß die Beschreibungen der verschiedenen Traumteile schriftlich aufzeichnen.

Wenn diese beiden Beschreibungen fertig sind, lies noch einmal das, was in dem »Ich«-Teil beschrieben worden ist. Frag dich, ob es in dir einen Aspekt gibt, der in allen Teilen, die in dem Traum vorkommen, widergespiegelt wird. Beispielsweise: »Ich bin grün und habe Spinnweben in meinen Ecken. Ich bin auch eine Uhr, ticke laut und gehe ein wenig nach« . . . und so weiter.

Nenne nacheinander alle Teile des Traums, um einen klaren Eindruck zu bekommen. Gibt es von dir einen Teil, der grün ist (neutral, frisch und jung, kränklich – was auch immer das für dich bedeuten mag)? Gibt es in dir einen Teil, den du nicht gepflegt hast und der verstaubt und voller Spinnweben ist? Gibt es in dir einen Teil, der laute Geräusche macht, aber immer ein wenig nachgeht (zu spät kommt, nicht regelmäßig ißt oder schläft)? Laß niemanden und nichts von dem aus, was in dem Traum vorkommt. Alle Teile im Traum sind Teile deiner selbst. Deine Träume sind eine Projektion deines Bewußtseins, dessen, was in dir vorgeht. Kannst du jetzt erkennen, in welcher Weise das Leben ebenfalls ein Traum ist?

9. Kriegserklärung an die Krankheit

Wenn wir krank sind, dann bekämpft der Körper die Infektion, den Virus, wer auch immer der fremde Eindringling sein mag, indem er ihn mit den kleinen Soldaten des Körpers, den weißen Blutkörperchen, angreift. Diese weißen Blutkörperchen werden Phagozyten genannt. Wenn wir erkältet sind, dann greifen diese Phagozyten die Erkältungsbazillen solange an, bis sie zerstört sind. Wenn wir krank sind, dann sollten wir meditieren, um den Heilungsprozeß zu unterstützen. Du zentrierst dich und atmest tief ein und aus. Während du bis fünf zählst, atmest du ein, hältst dann, während du nochmals bis fünf zählst, den Atem an und atmest, während du wieder bis fünf zählst, wieder aus. Du wiederholst das Ganze zehnmal. Nun stellst du dir jene Phagozyten vor: bewaffnet mit Schwertern und Panzern, wie sie die Bakterien töten und sie dann aus dem Körper hinauswaschen. Wir stellen uns vor, daß wir den Phagozyten frische Vorräte an Energien und Waffen schicken, indem wir gut für uns sorgen, sehr viel trinken, uns häufig ausruhen und uns sehr deutlich vorstellen, wie unsere Phagozyten den Krieg gewinnen. Während der Meditation stellen wir uns auf die Quelle allen Lebens ein und sehen, wie die Phagozyten die Bakterien besiegen und den Krieg gewinnen. Dadurch helfen wir ihnen dabei, uns zu heilen.

Intuition – Indigo (Dunkelblau)

Intuitiv einander Liebe zu geben – das ist eine Erfahrung, die uns zutiefst berührt und weit über das hinausgeht, was man mit Worten beschreiben kann. Wir können Telepathie (das Gedankenlesen) praktizieren, wir können Auren lesen (die Farbe sehen, die einen Menschen umgibt und die in jedem Augenblick seine Bewußtseinsebene reflektiert), und wir können sehr viele ungewöhnliche Erfahrungen machen, die wir dann als »psychische« oder als »außersinnliche« Wahrnehmung bezeichnen. Diese Wahrnehmungen sind natürlich nur so lange ungewöhnlich, bis sie uns ganz vertraut werden. Zuerst einmal müssen wir diese intuitive Ebene in uns entwickeln.

Das intuitive Auge

Du nimmst, ohne daß jemand dich dabei beobachtet, ein flaches Tablett und legst zehn verschiedene Haushaltsgegenstände darauf, etwa einen Schreibstift, einen Löffel, eine Kneifzange, Seife und ähnliches. Bedecke dann das Tablett mit einem Handtuch. Man muß die Gegenstände auf jeden Fall auf dem Tablett als Silhouette sehen können. Bring das bedeckte Tablett in das Zimmer, in dem die anderen warten. Jeder sollte jetzt ein Stück Papier und einen Bleistift zur Hand nehmen. Macht zuvor eine Meditation, um euch auf diese Übung einzustimmen. Zu Ende der Meditation versucht jeder, mit dem intuitiven Auge zu sehen, was sich auf dem abgedeckten Tablett befindet und schreibt seine Vermutungen nieder. Dann entfernt der Anführer eine Minute lang das Handtuch. Jeder schaut sich das Tablett an und versucht, sich alles, was darauf liegt, zu merken. Nach einer Minute wird das Handtuch wieder zurückgelegt, und jeder schreibt auf die andere Seite des Papiers, woran er sich erinnert. Nach einigen weiteren Minuten wird das Handtuch noch einmal weggezogen und verglichen. Wie gut war dein intuitives Auge? Wie gut war dein Gedächtnis?

Telepathie-Übung

1. Zwei Personen sitzen sich gegenüber. Der eine Partner hält den anderen an den Handgelenken fest. Der empfangende Partner ist der, der festhält, und der Sendende ist der, der festgehalten wird. Tu so, als wäre der Empfänger ein Transistorradio und der Sender die Radiostation am anderen Ende der Stadt, die die Radiowellen aussendet. Der Sender schickt eine geistige Botschaft von nur einigen wenigen Worten. Der Empfänger sollte seinen Geist ganz und gar entleeren und sich auf den Sender einstellen. Er lauscht aufmerksam nach innen, um den richtigen Sender zu finden. Dann spult er noch einmal das zurück, was er aufgenommen hat. Nun tauscht die Rollen. Es ist möglich, daß einer von euch beiden besser senden als empfangen kann – und umgekehrt. Wenn du ausreichend übst, wirst du auch in dieser Übung erfolgreich sein.

2. Einer geht aus dem Zimmer. Die anderen entscheiden, was er tun soll, wenn er zurückkommt; beispielsweise auf einem Fuß hüpfen. Dann schließen sie die Augen und stellen sich ganz deutlich vor, wie er auf einem Fuß hüpft. Alle malen sich aus, wie er das macht – und schicken ihm ihre Gedanken und das Bild, was sie sich ausgemalt haben, wenn er das Zimmer wieder betritt. Er stellt sich darauf ein und tut das, was die anderen nach seiner Meinung von ihm wollen. Dies macht jeder abwechselnd einmal.

3. Jeder stellt sich mit dem Rücken zum Gruppenführer in einer Reihe auf. Dieser Führer wählt einen aus der Reihe aus, indem er ihn, ohne daß dieser es weiß, anstarrt. Er schickt ihm eine Botschaft und zugleich Energie. Wer auch immer die Energie oder die Botschaft spürt, führt den Auftrag aus, der ihm nach seiner Meinung übermittelt worden ist. Dreh dich nach einer Weile um und prüf nach, ob du selbst es bist. Der

Anführer sagt dann allen, für wen die Botschaft gedacht war und wie sie lautete. Danach tauscht Ihr die Rollen, und jemand anders spielt den Anführer.

(Es ist nötig, alle drei Telepathiespiele zu üben, um sich an diese neue Form der Kommunikation zu gewöhnen.)

4. Einem Mitglied der Gruppe werden die Augen verbunden. Alle anderen stellen sich so, wie der Zufall es will, hinter ihn. Einer nach dem anderen stellt sich vor den, dessen Augen verbunden sind. Der mit den verbundenen Augen streckt die Hände aus, um die Schwingungen dessen aufzunehmen, der vor ihm steht; er darf ihn aber nicht berühren. Er rät einfach, um wen es sich handelt. Ohne »ja« oder »nein« zu antworten, bewegt sich dann der, der geraten worden ist (oder auch nicht) ans Ende der Schlange und der nächste tritt vor den Ratenden. Nachdem jeder eine Weile lang vor ihm gestanden hat, darf er sein Tuch abnehmen. Sagt ihm, wie oft er richtig geraten hat. Laßt euch abwechselnd die Augen verbinden. Macht diese Übung immer wieder und zu verschiedenen Zeiten, bis jeder mit verbundenen Augen sich mit den Schwingungen des anderen vertraut gemacht hat.

Dösen

Stellt für jeden ein Pendel her. Nehmt dazu einen weißen oder schwarzen Faden. Bindet den Faden an irgendeinen kleinen schwarzen, weißen oder grünen Gegenstand – eine Garnrolle, einen kleinen schwarzen Ball mit einer Nadel darin, um die sich der Faden wickeln läßt, oder große runde Knöpfe. Gebt jedem Teilnehmer einen Magnetstab oder benutzt ihn, wenn es nur einen Magneten gibt, abwechselnd. Wie bei einem Kompaß zeigt das positive Ende nach Süden und das negative Ende nach Norden.

Haltet den Faden des Pendels zwischen Daumen und Zeigefinger und laßt das Pendel über den nördlichen Pol des Magneten hinunterhängen. Nach wenigen Augenblicken wird das Pendel auf das Magnetfeld zu reagieren beginnen und ganz von selbst anfangen, sich in eine bestimmte Richtung zu drehen. Laßt es eine oder zwei Minuten lang rotieren und bewegt dann das Pendel zum Südpol des Magneten. Was geschieht? Das Pendel sollte sich jetzt in umgekehrter Richtung drehen.

Bindet das Pendel an einen festen Gegenstand über dem Nordpol des Magneten, so daß es nicht gehalten zu werden braucht. Es dreht sich nicht. Warum? Weil es euer Unterbewußtsein war, das auf dem Wege über euer Nervensystem mit dem Magnetfeld, das die Drehung verursachte, interagiert hat.

Nehmt eine Münze und legt sie, ohne darauf zu achten, ob »Zahl« oder »Adler« oben ist, unter ein Stück Papier. Macht euch deutlich, daß bei »Zahl« das Pendel sich im Uhrzeigersinn, nach rechts, bewegen wird, und daß bei »Adler« das Pendel sich gegenläufig zum Uhrzeigersinn, nach links, bewegen wird. Häng jetzt dein Pendel über das Papier, unter dem sich die Münze befindet. Beobachte, wie das Pendel deinen Anweisungen folgt und dir sagt, ob die Adler- oder die Zahl-Seite nach oben liegt.

Wenn du jedesmal, wenn du die Münze wirfst, die Antwort bekommst, die du gerade nicht erwartest, dann frag noch einmal: »Wie herum ist Adler? Wie herum ist Zahl?« Schau, was das Pendel macht. Das Pendel soll dir sagen, was die jeweilige Drehung bedeutet, welchen Code es möchte.

Wählt einen Gegenstand aus, den ihr versteckt. Jetzt verlassen alle außer einem Teilnehmer mit ihren Pendeln den Raum. Der Zurückgebliebene versteckt das Objekt. Die anderen kommen wieder in den Raum zurück. Fragt das Pendel: Wie herum dreht es sich bei »Ja« und wie bei »Nein«? Wenn du deinen eigenen Code gefunden hast, dann frag ihn, ob das Objekt auf dieser Seite des Zimmers sei, ja oder nein? Laß das Pendel antworten.

Stell immer weiter Fragen, die nur mit ja oder nein beantwortet werden, bis du den Gegenstand findest. Immer, wenn du etwas verlierst, kannst du ein Pendel nehmen, das dir dann dabei hilft, es wiederzufinden. Noch besser ist es, wenn du dir noch einen Zeugen holst; das heißt, du hältst einen anderen Gegenstand, ähnlich dem, den du verloren hast, während des Suchens in der Hand. Wenn du beispielsweise einen Schuh verloren hast, dann nimm den zweiten Schuh in die Hand.

Wir machen ein Dreieck

Jemand zieht einen Strumpf oder ein anderes Kleidungsstück aus und verläßt den Raum. Dann wird das Kleidungsstück von einem der Zurückgebliebenen versteckt. Danach kommt der, der hinausgegangen ist, wieder zurück und stellt sich in die Mitte des Zimmers. Wenn du der Suchende bist, dann streck deine Hand mit gespreizten Fingern aus. Dreh dich mit geschlossenen Augen im Kreis und versuch, dich auf dein eigenes, fehlendes Kleidungsstück einzuschwingen. Deine persönlichen Schwingungen haften daran.

Wenn du ein Prickeln und Kribbeln spürst, dann öffne die Augen und geh in die Richtung, in die deine Hand zeigt. Dann stell dich wieder auf die Schwingungen ein. Schließ die Augen, dreh dich im Kreis und nimm wahr, ob du das Kribbeln fühlen kannst. Öffne die Augen und geh ein paar Schritte weiter in jene Richtung.

Dann stell dich noch einmal auf die Schwingungen ein. Zuletzt halt inne, schließ die Augen und dreh dich um, bis du eine Reaktion in deiner Hand spürst; öffne die Augen und geh in jene Richtung. Jetzt bist du dem Gegenstand vielleicht schon ganz nahe gekommen. Geh genau dort hin, wo du ihn spürst. Die anderen können dir helfen, indem sie *heiß* oder *kalt* sagen. Mach diese Übung, bis es dir gelingt, dich auf bestimmte Gegenstände einzustellen.

Farben fühlen

Schneide sieben verschiedenfarbige Stücke Papier in die gleiche Größe. Nimm zunächst einmal die reinen Farben des Farbspektrums: Rot, Orange, Gelb, Grün, Blau, Indigo und Violett. Du kannst auch Weiß oder Schwarz nehmen, wenn du keine der Spektralfarben zur Hand hast. Einem Mitglied der Gruppe nach dem anderen werden die Augen verbunden. Die Papierstreifen werden gemischt und vor jedem einzelnen, der seine Hände darüber hält, einmal ausgelegt, um die Schwingungen und die Wärme oder die Kälte, die von dem Papier ausgehen, aufzunehmen. Dann versucht er, die Farben zu raten. Die anderen sagen, wann er richtig und wann er nicht richtig geraten hat. Dann wird dem nächsten ein Tuch um die Augen gebunden – und so weiter.

In einer Oberstufenklasse, in der ich unterrichtete, gelang es drei Mädchen, alles richtig zu raten. Sie waren, wie sie sagten, selbst überrascht darüber, daß sich jedes Papier anders anfühlte und ihnen »verriet«, welche Farbe es hat.

Du kannst zum Lernen vier Streifen Papier benutzen anstelle von sieben, wenn du die Übung anfänglich zu schwierig findest. Jeder spürt die unterschiedlichen Schwingungen, aber gewöhnlich wissen wir nicht, welche Farben wir mit ihnen in Verbindung bringen sollen, bis wir mit ihnen vertraut werden. Es kommt auch hier darauf an, ausreichend zu üben.

Wie man Auren sieht

Setz dich abends in einen nur teilweise erleuchteten
Raum. Laß irgend jemanden sich vor einen weißen oder
hellgefärbten Hintergrund setzen. Schau dir diese Person
genau an, vor allem den Bereich um den Kopf herum.
Kannst du sehen, daß bestimmte Farben von dem Kopf
oder dem Gesicht ausstrahlen? Halte deine beiden Zeigefinger in waagerechter Richtung vor die Augen, wobei die
Fingerspitzen einander berühren. Beweg sie vor deinen
Augen voneinander weg und wieder aufeinander zu, bis
du zwischen den beiden Fingern etwas zu sehen meinst,
was einer Wurst ähnelt. Das ist die Stelle, wo der Fokus
deiner Augen leicht verschoben ist. Schau über die Wurst
hinaus auf die Person.

Jetzt, da deine Augen ganz leicht schielen, prüf nach, ob
du sehen kannst, daß irgendwelche Farben von dem
Gesicht oder von dem Bereich um den Kopf herum ausstrahlen. Üb dies bei unterschiedlicher Beleuchtung, bis
du etwas erkennen kannst. Untersuchungen haben gezeigt, daß achtzig Prozent aller Erwachsenen Auren sehen
können, wenn sie es lernen, ihre Augen darauf einzustellen. Du kannst auch das Pendel benutzen, um zu
prüfen, welches die dominierende Aurafarbe dieses Menschen ist. Frag: Ist es blau? Ja oder nein? Ist es grün? Und
so weiter.

Wir sehen uns selbst in dem anderen

Findet euch zu Paaren zusammen und setzt euch Knie an
Knie gegenüber. Macht in dieser Haltung eine Meditationsübung. Wenn die Meditationsübung vorbei ist und
ihr zentriert seid, dann schaut einander in die Augen.
Während ihr schaut, schickt einander Liebe. Schaut euch
immer weiter an, bis eure Augen zu tränen beginnen. Seht
durch die äußere Hülle hindurch in die Seele, in das

eigentliche Wesen des anderen hinein. Öffnet euch, um wirklich das Wesen des anderen zu erkennen. Entspannt euch. Spürt euer eigenes Zentrum, und ebenso das Zentrum des anderen, und spürt das eine, einigende Prinzip, die Quelle, die in euch und in dem anderen ist. Erkennt jenseits aller Filterspiegel euer eigenes Selbst in dem anderen. Seht, wie das Selbst des anderen zu euch zurückreflektiert. Bleibt bei diesem Gefühl, tauscht euch aus und verschmelzt für den Augenblick zu einer Einheit. Dann schließt die Augen. Singt Oooommmm und laßt dabei euer Selbst in den anderen hineinfließen. Oooommmm, Oooommmm. Bleibt bei dem Gefühl des Friedens, bis ihr bereit seid, herauszukommen. (Übt das auch mit den anderen Mitgliedern eurer Familie.)

Geräusche fühlen

Einer singt das Ooommm, während die anderen vor ihm stehen und die Hände in seine Richtung strecken. Nehmt den Ooommm-Laut durch die Handflächen hindurch auf, spürt, wie er in der Handfläche kribbelt und vibriert

Geist, Vorstellungen, Erinnerung – Blau

1. Einer geht zu allen anderen, die im Kreis um ihn herumstehen, und erzählt die glücklichsten und schönsten Erinnerungen, die ihm einfallen. Diskutiert gemeinsam darüber. Dann geht noch einmal jeder im Kreis herum und teilt die schmerzhafteste Erinnerung mit, an die er sich erinnern kann, vielleicht das Unheimlichste und Schrecklichste, was ihm einfällt. Redet darüber.

2. Was ist dir als erstes eingefallen, als du heute morgen aufgewacht bist? Was war, soweit du dich erinnern kannst, gestern abend vor dem Einschlafen dein letz-

ter Gedanke? Kannst du dich daran erinnern, was du heute morgen zum Frühstück gegessen hast, heute mittag zum Mittagessen, zum Abendessen?

3. Das nächste Mal, wenn ihr gemeinsam meditiert und wenn ihr dann schließlich zum Zustand der vollkommenen Ruhe und inneren Sammlung gelangt seid, dann sagt jemand: Jetzt laßt uns zurückgehen zu der Zeit, bevor du geboren wurdest . . . Du bereitest dich jetzt gerade darauf vor, in diese Welt zu kommen. Stell dir vor, daß du geboren wirst. Wie empfindest du das? Kannst du dich an die Zeit erinnern, bevor du geboren wurdest? An die Geburt selbst? Sprecht miteinander über eure Gedanken.

4. Vorbild-Meditation. Die meisten Kinder und viele Erwachsene haben ein Vorbild, irgend jemanden mit ganz besonderen Eigenschaften, die sie selbst auch gern hätten. Kinder ahmen häufig ihre Vorbilder nach, versuchen so zu sein wie diese, weil Kinder am besten durch Nachahmung lernen. Vor dieser Übung sollte zunächst einmal eine der Zentrierungsmeditationen durchgeführt werden. Dann stell dir bei geschlossenen Augen den Menschen vor, der du selbst gern sein möchtest. Mal ihn dir mit deinem geistigen Auge sehr lebhaft aus: so viele Einzelheiten seines Gesichts und seines Körpers wie möglich. Dann stell dir seine oder ihre guten Eigenschaften vor und identifizier dich mit diesen Eigenschaften (vielleicht mit dem liebevollen Wesen, der Intelligenz, dem Talent, was auch immer du möchtest). Wir stellen uns vor und spüren, daß jene Eigenschaften auch für uns da sind. Sie kommen alle aus derselben Quelle, und da wir auch daraus kommen, stehen uns jene Eigenschaften ebenfalls zu.

5. Was ich gerne sein möchte. Jeder beschreibt den Menschen, der er gern werden möchte. Wir können jemanden aus der Geschichte oder einen Popstar oder Filmstar nehmen, wenn wir selbst keine klaren Vorstellun-

gen haben. Dann fragt einer die anderen, ob sie nicht meinen, daß die bestimmten Eigenschaften, um jene Person zu werden, bereits vorhanden sind. Wenn nicht – was muß gestärkt werden, was fehlt? Wie sehen uns andere? Wie sehen sie die Rollen, die wir im Leben spielen? Sprecht darüber. Dann geht zum nächsten über. Macht immer weiter, bis jeder einmal an der Reihe gewesen ist.

Herz, Lebensenergie, Sicherheit – Grün

1. Vertrauensübungen. Jeder stellt sich nahe beieinander in einem Kreis auf; größere und kleinere Personen abwechselnd nebeneinander. Einer steht in der Mitte und läßt sich, während Beine und Rücken steif bleiben, mit geschlossenen Augen fallen. Die Leute im Kreis fangen den Fallenden auf und schubsen ihn dann in verschiedene Richtungen; er darf natürlich unter keinen Umständen stürzen. Dazu gehört Konzentration und Energie. Fang den Fallenden mit liebevoller Hand auf und schubse ihn dann jemand anderem zu. Laß das alle nacheinander machen. (Wenn du in deiner Familie viele kleine Kinder hast und selbst ein großer Erwachsener bist, dann wirst du bei dieser Übung natürlich nur dann in der Mitte stehen können, wenn andere große Leute mitmachen.)

2. Eine andere Vertrauensübung: Jemand legt sich mitten auf dem Fußboden in der Totenstellung nieder und entspannt sich. Alle anderen stehen um ihn herum. Der Größte gibt ein Zeichen, und alle heben gemeinsam den Liegenden so weit wie möglich in die Höhe. Dabei tragen sie ihn ein paar Schritte voran. Der Liegende ist entspannt und voller Vertrauen; er liegt in der Luft, von allen anderen getragen. (Bei dieser Übung brauchen kräftige Menschen wiederum eine

kräftige Unterstützung, und nur die, deren Gewicht von der Gruppe ohne Probleme getragen werden kann, sollten hochgehoben werden.)

Energie kanalisieren

1. Alle setzen sich im Kreis zusammen. Haltet eure Hände ungefähr zehn Zentimeter voneinander entfernt, wobei die Handflächen einander zugewandt sind. Nähert die Hände einander, zieht sie dann wieder voneinander fort, dann nähert sie wieder einander, ohne daß sie sich berühren, so, als würdet Ihr Akkordeon spielen. Fühlt die Luftwellen, die sich zwischen den Handflächen bewegen. Jetzt dreht die Hände, so daß die rechte Hand ungefähr zehn Zentimeter über der linken ist, wobei die Handflächen einander zugewandt sind. Schließt eure Augen und schickt Energie von der linken in die rechte Handfläche. Jetzt stellt sich jeder vor, daß die Energie in die linke Handfläche hineinfließt, bis ihr es wirklich fühlen könnt. Es wird vielleicht warm oder kühl; es mag sich vielleicht kribbelig oder kitzlig anfühlen. Jetzt legt die linke Hand über die rechte Hand darunter. Sendet Energie aus: Stellt euch vor, daß sie von der linken Handfläche in die rechte Handfläche hineinfließt. Tut das solange, bis Ihr diese Energie wirklich spüren könnt. Wie fühlt sich das an? Jetzt tut euch zu Paaren zusammen und laßt einen der Partner seine Hände mit den nach oben gewandten Handflächen auf dem Schoß halten, während der andere Partner seine Hände mit nach unten gewandten Handflächen über die beiden Hände des Sitzenden hält. Der, dessen Handflächen nach unten weisen, stellt sich vor, daß Energie in die Hände des anderen hineinfließt, bis schließlich der Sitzende die Energie hereinfließen spürt. Danach werden die Rollen getauscht.

2. Einer sitzt in Meditationshaltung in der Mitte des Kreises, die anderen sitzen mit geradem Rückgrat sehr nahe um ihn herum. Die im Kreis Sitzenden strecken ihre rechte Hand aus, schließen die Augen und schikken Energie aus der rechten Handfläche hinaus genau in das Herzzentrum dessen, der in der Mitte sitzt. Stellt euch vor, daß die Energie an der obersten Stelle eures Kopfes hereinfließt, durch das Herz hindurch und aus dem Arm wieder hinaus in das Herz der Person in der Mitte. Der in der Mitte entspannt und öffnet sich, um die Liebesenergie, die in sein Herz strömt, zu empfangen. Laßt die Energie immer weiter fließen, bis der in der Mitte spürt, wie sie hereinfließt und ihn wärmt.

Dann setzt sich jemand anders in die Mitte, bis jeder einmal an der Reihe gewesen ist. Wenn euer Arm müde wird, dann nehmt den anderen Arm. Haltet die Bilder, die euch die Phantasie eingibt, immer weiter fest. Energie wird nicht aus euren Händen hinausfließen, wenn ihr sie nicht wirklich hinausschickt. Ihr müßt euch konzentrieren. Laßt eure Gedanken nicht abschweifen.

3. Ihr reibt die Handflächen aneinander und schickt Energie in die Handflächen hinein. Dann haltet ihr die Hände mit von euch abgewandten Handflächen nach oben und singt, während ihr euch konzentriert und Energie von euren Händen und eurer Stimme austrahlen laßt, leise Ooommm. Laßt in eurem Geist die Energie zu jemandem fließen, von dem ihr wißt, daß er Liebe braucht, oder daß er krank ist oder heilende Energien nötig hat.

4. Wir können bewirken, daß einfache Schnitte und Blutergüsse mit Hilfe von Energie besser heilen. Indem wir Energie aus unserer Handfläche hinaus dorthin schicken, wo es jemand anderen schmerzt, können wir die Heilung unterstützen. Aber wir vernachlässigen

deshalb nicht die normale medizinische Betreuung. Das »Channelling« der Energie soll zusätzlich gemacht werden, nicht als ein Ersatz.

5. Wir können auch Pflanzen und Tieren Energie schikken – ebenso wie Menschen. Pflanzen sind sehr empfindsam, und sie werden sehr viel gesünder heranwachsen, wenn wir ihnen Liebe geben, indem wir mit ihnen sprechen, ihnen Meditationslaute vorsingen und Energie zu ihnen hinlenken. Mach zum Beweis einmal ein Experiment. Pflanze in zwei Töpfe Samen. Nimm beide Male den Samen der gleichen Pflanze, die gleiche Erde, gleiche Töpfe und die gleiche Menge an Wasser. Stell beide Töpfe an dieselbe Stelle ins Licht. Schick jeden Tag einem der Töpfe Liebesenergie und singt ihm ein *Ooommm* vor. Der andere Topf darf von dieser Energie nicht erreicht werden. Schau nach ein paar Wochen nach, ob eine der Pflanzen größer und gesünder heranwächst als die andere.

6. Legt einen Steinbrocken in die Mitte des Meditationskreises. Jeder sollte über den Stein meditieren und versuchen, seine Beschaffenheit zu erspüren. Wie fühlt er sich an? Werdet der Stein: Seid ihr hart? Porös? Ruhig? Kalt? Heiß? Voll von sich bewegenden Atomen? Wie seht ihr aus? Was ist das Wesen eines Felsens? Beschreibt es ...

Dann bringt eine Blume oder Pflanze herein, stellt sie in die Mitte des Kreises und nehmt den Felsbrocken fort. Meditiert über die Pflanze und erspürt ihre eigentliche Beschaffenheit. Werdet die Pflanze. Spürt, wie ihr euch in diese Pflanze verwandelt. Wie fühlt sie sich an? Weich? Naß? Kühl? Hell? Süß? Beschreibt sie. Kannst du fühlen, wie das Wasser in deinen Stiel steigt und in deine Blätter strömt? Kannst du die Zellen der Pflanze fühlen? ...

Dann nimm die Pflanze fort und ersetz sie durch ein Tier. Es kann eine Schlange, ein Wurm, ein Haustier sein – oder sonst irgend etwas, was nicht fortrennt oder fortfliegt. Verwandle dich in das Tier. Was für ein Gefühl hast du dabei? Hat das Tier Angst? Ist es glücklich? Warm? Hungrig? Jetzt schick dem Tier Energie, so, wie du es mit einem Menschen tun würdest. Schick Energie in das Tier hinein. Spür das Tier, trink es in dich herein, auch wenn es zu Anfang Angst davor haben mag. Es wird sich schnell entspannen.

Versuch, eine Schnecke zu finden. Dann beobachte, wie sie ihre Fühler ausstreckt und sich auf deine Hand zubewegt, während du ihr Energie schickst. Schnekken nehmen besonders gern Energie in sich auf; sie suchen mit ihren Fühlern nach der Energiequelle. Mach auch mit anderen Tieren Experimente. Sie sind sehr sensibel. Am Abend, bevor die Hündin meiner Freundin ihre Jungen warf, hatte sie sehr große Schmerzen. Sie hatte sich mit einem Rüden gepaart, der etwa doppelt so groß war wie sie selbst; und sie war ungeheuer dick und schwer. Sie kam winselnd und jammernd zu uns gekrochen. Wir stellten uns eine Weile lang auf sie ein und schickten ihr Energie, während wir hin und wieder ihren Bauch massierten. Wir konnten fühlen, wie die Energie in sie hineinfloß. Sie kam uns vor wie ein Schwamm, der alle Energie in sich aufsaugte. Sie war selig und lag, während wir ihr Energie und Liebe schickten, eine Stunde lang mit halb geschlossenen Augen auf dem Rücken. Am nächsten Morgen warf sie ihre zwölf Jungen und war wohlauf.

Viele der großen Wunder, die im Laufe der Jahrhunderte überliefert wurden, haben große Heilige und weise Männer bewirkt, die es gelernt hatten, bewußt Lebensenergie oder Lebenskraft in eine bestimmte Richtung zu senden. Christus und viele Yogameister sind für ihre Wunder bekannt. Was ist ein Wunder? Es ist in Wahrheit nichts anderes als ein Ereignis, von dem wir nicht wissen, wie es geschehen konnte. Es ist nichts Gewöhnliches, aber dadurch, daß wir unser Bewußtsein erweitern, können wir wahrnehmen, wie Wunder geschehen; wir können sogar selbst lernen, die Lebenskraft zu lenken. Dann sind Wunder für uns nichts Verblüffendes mehr.

Luther Burbank schaffte es, seine Rosen und Kakteen dazu zu bewegen, ohne Dornen zu wachsen, indem er ihnen Liebe und Energie schickte und ihnen erzählte, sie brauchten die Dornen zu ihrem Schutz nicht mehr. Den meisten von uns erscheint das als ein Wunder. Viele unserer besten Gemüse wuchsen aus Samen, die wir mit Liebe und Energie und nicht mit Chemikalien zum Keimen brachten.

Intellektuell – Gelb

1. Samenmeditation. Wie wird ein winziger Samen zu einer Blume? Zu einem Baum? Wie kann ein Ei zu einem Vogel mit farbigen Federn werden? Ein Hahn? Ein Insekt? Ein Fisch? Ein Mensch? Verfolg einmal den Wachstumsvorgang vom Samen zum Baum, vom Ei zum Vogel. Stell dir alle Einzelheiten vor. Stell Fragen. Zieh verschiedene Antworten in Erwägung. Sprecht darüber und macht euch klar, daß dies ein Wunder der Natur ist. Die Wissenschaft versteht den Prozeß auf intellektueller Ebene, aber kein Mensch kann das nachahmen, was die Natur getan hat. Nicht einmal einen Grashalm kann der Mensch erschaffen.

2. Der Intellekt lebt in einer Welt von Fragen und Antworten. Nimm irgendeinen Gedanken. Nenn ihn einen »Samengedanken« und laß ihn wachsen. Spür nach, wohin der Gedanke dich führt, welche Ideen er dir bringt. Nimm erst einen verrückten, dann einen ernsten Gedanken. Nimm beispielsweise den Gedanken einer sich hin- und herwindenden Schlange ...

Woran denkst du? Behende, braun, schleimig, glatt, erschreckend, lebt in Höhlen, kriechend, beißend, Zauber, Eva, Gift, farbig, Diamantenmuster, häßlich, schön, versucht, sich aus irgend etwas hinauszuschlängeln . . . und so weiter. Alle machen mit.

3. Können wir uns Einzelheiten merken? Findet euch zu Paaren zusammen. Jeder bekommt einen Schreibstift und ein Blatt Papier. Malt ein einfaches Bild: ein Symbol, einen Gegenstand, einen Baum und dergleichen. Zeigt dem anderen nicht, was ihr gemalt habt. Dann beschreibt, einer nach dem anderen, ganz genau, was ihr gezeichnet habt, und prüft nach, ob der andere es genau nach eurer Beschreibung kopieren kann. Sagt, wo er einen Strich ziehen, wo einen Punkt machen soll und so weiter. Dann, wenn Ihr beide damit fertig seid, die Zeichnung des anderen nachzuzeichnen, vergleicht die Ergebnisse. Ist euch das Bild gut gelungen? Schließt euch mit anderen Partnern zu Paaren zusammen und prüft nach, wer die besten Anweisungen gibt und wer am besten zuhören und die Anweisungen gut übertragen kann.

4. Nachdem Ihr eine Meditation gemacht habt, fragt euch: »Wer bin ich?« Schreibt drei Minuten lang alle Antworten auf, die euch zu der Frage »Wer bin ich?« in den Kopf kommen, oder erzählt die Antworten jemand anderem.

5. Wissenschaftsexperimente. Entdeckt zusammen, als eine Familie, wie eine Autobatterie oder eine Dreiwege-Glühbirne funktioniert, um mehr Energie hereinzuholen, wie ein Walkie-talkie, Radio, TV oder ein Tonbandgerät arbeiten. Bringt alle diese Geräte mit Energie in Verbindung und sprecht darüber, wie Energie auf ähnliche Weise bei Menschen funktioniert: wenn wir wieder aufladen, wenn wir meditieren und wenn wir telepathische Übungen machen oder Bilder projizieren. Erkundet die Lehre von der Energie ge-

meinsam, indem ihr euch Bücher, Wissenschaftsbau-
kästen oder Spiele aus der Bücherei holt und indem ihr
euer eigenes kreatives Denken nutzt.

Sozial – Orange

Auf dieser Ebene arbeiten wir mit unserer sozialen Konditionierung und unserer Beziehung zu anderen.

1. Diese Übung wurde »Schrankspiegel« genannt, weil
   wir uns selbst in unserer ganzen Größe im anderen
   anschauen. Jeder von uns fungiert als Spiegel, der das,
   was in dem Menschen, den er vor sich sieht, positiv ist,
   widerspiegelt. Bei dieser Übung muß jede Aussage
   positiv sein, nichts Kritisches darf gesagt werden. Um
   unser wahres Potential ausschöpfen zu können, müssen wir positive Selbstbilder aufbauen. Also: was auch
   immer dir Positives zum anderen einfallen mag –
   sprich es aus. Sei aufrichtig und bleib dir selbst treu.
   Mach dir keine Gedanken darüber, was der andere
   denken könnte. Stellt euch in einer Reihe auf: einer
   steht der Schlange gegenüber und beginnt damit, daß
   er dem ersten in der Schlange sagt, was er sieht oder
   erlebt. Nehmt euch für jeden Teilnehmer ungefähr
   eine Minute Zeit. Dann wird der nächste zur Abwechs-
   lung der Spiegel und geht die Schlange durch. Wiederholt das Ganze, bis jeder einmal Spiegel gewesen ist.
2. Die Welten eines anderen Menschen erkunden. Jemand spielt den »Stadtführer« und denkt an irgend
   etwas in der Stadt, das jeder in der Gruppe kennt. Es
   kann ein Park, ein Gebäude, ein Restaurant oder ein
   Baum sein. Abwechselnd beschreibt jeder diese Stelle
   von einer anderen Perspektive aus.
   Sie kann der folgenden Liste entnommen werden: ein
   Hund, ein Vogel am Himmel, ein Baum, eine Ameise,

ein dreijähriges Mädchen, ein sechsjähriger Junge, ein zehnjähriger Junge, ein dreizehnjähriges Mädchen, eine Frau in einem Rollstuhl, eine fleißige Mutter, ein Vater. Der »Übungsleiter« kann sich natürlich auch etwas ausdenken.

3. Ehrlichkeitsübungen. Die folgenden Übungen nennt man Ehrlichkeitsübungen, weil wir dabei wirklich aufrichtig sein müssen. Das bedeutet, wir dürfen unsere Gefühle nicht deshalb verbergen, weil wir Angst haben, daß wir vielleicht Probleme verursachen oder andere verletzen, indem wir über etwas sprechen, was uns an ihnen nicht gefällt. Wir werden ihnen im Grunde genommen mehr helfen, wenn wir unsere tiefsten und ehrlichsten Gefühle auf selbstlose Weise mit ihnen teilen. Dann haben wir die Möglichkeit, mit dem in Berührung zu kommen, was uns an jemand anderem stört. Indem wir es herausbringen, können wir es bearbeiten. Wenn wir es nur wegrationalisieren, wird es häufig nur unterdrückt – und das hilft uns nicht. Gerade von den Dingen, die uns stören, können wir lernen. Wenn wir unseren Geist veränderten, dann würden sie uns nicht stören. Es sind die Befürchtungen, die Gefühle von Eifersucht, Groll und die Zweifel in uns selbst, in anderen und in unserer Familie, an denen wir arbeiten müssen, um unser Leben immer mehr abzurunden.

Bei allen diesen Ehrlichkeitsübungen ist eines wichtig: Wir müssen die Gedanken, die uns in den Sinn kommen, während jemand anderer spricht, ignorieren. Wir müssen uns ganz und gar konzentrieren, um den anderen wirklich zu verstehen. Wenn wir über etwas zu sprechen beginnen, was nicht zum Thema gehört, dann hören wir eigentlich nicht zu. Es bedeutet, daß wir egozentrisch sind, gefangen in unseren eigenen Ideen und Gedanken, und daß wir im Grunde nicht auf den anderen eingehen.

4. Spiegeln. Nachdem wir meditiert haben (die Meditation von Seite 162 ist ganz besonders günstig, um diese Sitzung einzuleiten), tun sich zwei Leute zu einem Paar zusammen und setzen sich einander gegenüber, um das Spiegeln zu üben. Erst erzählt der eine und dann der andere so präzise wie möglich, wie er sich in diesem Moment in seiner eigenen Haut und in seiner Beziehung zum anderen fühlt. Der andere Partner hört mit leerem Kopf zu, so wie eine photographische Platte die Worte, Gefühle und Gedanken aufnimmt. Er übt die wahre, bewußte Identifikation mit dem anderen; er öffnet sich, um von dem anderen wirklich etwas aufzunehmen und mit ihm eins zu werden. Wenn der erste alles gesagt hat, spiegelt der zweite den ersten zurück; so, wie er ihn sieht, wie er ihn in seinem Wesen wahrnimmt. Er spiegelt die Wörter zurück und dann spiegelt er das zurück, von dem er meint, daß es die wahre Bedeutung hinter den Wörtern sei. Wenn er sich in einer Sache nicht sicher ist, dann kann er dem anderen eine Frage stellen, um die Angelegenheit zu klären. Die Idee, die dahinter steht, ist im Grunde, sich in den anderen zu verwandeln, so daß er sich selbst klar und deutlich widergespiegelt fühlt. Die anderen Gruppenmitglieder schauen zu und schreiben sich ihre Beobachtungen darüber auf, was wirkliches Spiegeln ist, wo der Spiegelnde schlecht zugehört hat, was eine Projektion ist oder ein Vorurteil dessen, der spiegelt. (Siehe das Glossar auf Seite 213, um diese Begriffe besser zu verstehen.) Wenn die zweite Person zu Ende gespiegelt hat, dann geben die anderen Feedback über das, was sie beobachtet haben. Dann wechselt das Paar die Rollen und wiederholt die Übung. Das nächste Paar setzt sich in die Mitte.

Es ist erstaunlich, wie schlecht die meisten von uns zuhören. Dies wird gewiß in dieser Übung ganz klar zum Ausdruck kommen. Wir hören die Worte, aber nicht deren eigentliche Bedeutung; oder wir verdrehen diese Worte, damit sie unserem eigenen Verständnis entgegenkommen; oder wir schneiden ein Thema an, das mit dem Gesprächsgegenstand gar nichts zu tun hat. Diese Übung ist sehr wichtig, um unsere Filterspiegel zu reinigen. Durch Übung werden wir fähig, durch diese Filterspiegel in uns selbst und in anderen hindurchzudringen. Dies wird uns unseren Lieben, mit denen wir die Übung machen, sehr viel näher bringen. Wenn nur zwei Leute mitmachen und keine Zuschauer da sind, dann benutze ein Tonbandgerät und spiel es zurück, um die Projektionen, Vorurteile und Probleme beim zweiten Zuhören ganz klar offenzulegen.

5. Setzt euch in einen Kreis und laßt jedes Familienmitglied ausdrücklich und in wenigen Sätzen sagen, was nach seiner Vermutung jedes einzelne der anderen Familienmitglieder von ihm denkt und was es von sich selbst hält. Ist es das gleiche? Laßt euch nicht zu längeren Gesprächen hinreißen; macht einfach reihum weiter. Wenn ihr ein Tonbandgerät habt, dann nehmt die Übung auf. Wenn ihr die Runde durchgemacht habt, dann könnt ihr Kommentare und Einsichten hinzufügen. Versucht, dort einzudringen, wo ihr Projektionen und Vorurteile vermutet. Dann wiederholt die Übung und geht dieses Mal tiefer in eure Gefühle hinein. Wartet einen Tag oder zwei Tage und hört den Tonbandaufzeichnungen zu. Macht euch bewußt, wieviel mehr ihr darin hört.

6. Jetzt sag jedem Familienmitglied etwas, was du ihm eigentlich immer schon sagen wolltest. Oft stauen wir unsere Gefühle und unseren Ärger an und meinen, die Gelegenheit, etwas auszusprechen, sei noch nicht gekommen; oder wir halten unsere Gefühle für unwichtig. Jetzt ist der Moment, auszusprechen, was wir fühlen. Macht die Übung reihum.

7. Liebessitz. Einer sitzt in der Mitte des Kreises und schaut alle anderen nacheinander an. Die anderen sagen, jeder für sich, etwas Positives, was sie wirklich an dieser Person gern haben, und etwas Negatives, von dem sie meinen, der andere müsse es verbessern oder daran arbeiten. Es gibt möglicherweise nicht zwei Leute, die das gleiche sagen. Einer ist der Protokollant und erstellt eine tabellenartige Übersicht über das, was gesagt wurde und wer es gesagt hat. Und ebenso macht jeder auch Aussagen über sich selbst, so daß alle Quadrate auf der Karte ausgefüllt sind.

8. Streitzeit. Wenn es einen Familienstreit gibt oder einen Konflikt zwischen zwei Familienmitgliedern, dann können wir das Ganze einfach »Streitzeit« nennen und eine der folgenden Übungen machen, die dabei helfen, daß der Konflikt kreativ gelöst wird und uns zum Wachsen anregt. Gewöhnlich ist das größte Problem bei Streitereien, daß der eine dem anderen nicht wirklich zuhört. Entweder das Kind oder der Erwachsene hat das Gefühl, daß der andere sich nicht wirklich auf ihn konzentriert.

Wenn wir kreativ streiten wollen, dann müssen wir uns zunächst einmal zentrieren und uns selbst unsere wahren Gefühle ganz ehrlich eingestehen. Nur dann können wir auch zu anderen ehrlich sein und so ruhig werden, daß wir dem anderen wirklich zuhören können. Manchmal erkennen wir, daß wir eine am Arbeitsplatz angestaute Frustration an einem Familienmitglied auslassen. Besser wäre es, uns mit einer kalten Dusche zu beruhigen oder ein paar Aggressionen loszuwerden, indem wir mit einem Stock auf ein Kissen einschlagen oder ein paarmal um den Block rennen. Wenn wir bereit sind, zu dem anderen wirklich Kontakt aufzunehmen, dann beginnen wir mit der Spiegelübung, die auf Seite 202 beschrieben wird. Wir zentrieren uns, nutzen unseren Willen, um unsere Gefühle und Gedanken zu beruhigen und stimmen uns auf die universale Einheit ein. Dann sagen wir den anderen, worauf wir wirklich hinauswollen, und sie hören zu und spiegeln zu uns zurück, was wir gesagt haben, bis wir deutlich spüren, daß wir wirklich verstanden worden sind. Danach ist ein anderer an der Reihe und sagt uns, worauf er hinaus will, und wir hören zu und spiegeln zurück, bis er zufrieden ist, daß er richtig gehört und verstanden worden ist. Wenn wir diese Übung ein wenig häufiger gemacht haben, dann werden wir schon bald, sogar unter sehr anstrengenden Bedingungen, spiegeln können. Wir können dann sichergehen, daß wir wirklich kommunizieren, anstatt nur zurückzuschimpfen, wenn uns jemand beschimpft. Auf die Art und Weise vermeiden wir destruktive Streitereien. Statt dessen können wir sagen. »Ich höre dich sagen, daß du mehr Freiheit möchtest. Bedeutet das, daß du dich bei uns zu Hause eingesperrt fühlst?« Und so weiter. Findet heraus, wo jeder einzelne wirklich steht.

Dennoch ist es häufig schwierig, vom Standpunkt eines anderen aus zu hören, zu sehen und etwas wahrzunehmen, vor allem, wenn immer wieder die eigenen Gefühle hochkommen. Wenn wir lernen wollen, wie wir besser in die Welt eines anderen hineinkommen, können wir eine einfache Rollentausch-Übung machen. Beim Rollentausch brauchen wir zwei Stühle und einen Teilnehmer. Wenn Sohn Philipp ein Problem mit seinem Vater hat, dann setzt sich Philipp auf einen der beiden Stühle und tut so, als säße der Vater auf dem leeren Stuhl. (Der richtige Vater spricht nicht.) Philipp spricht mit seinem Vater auf dem »leeren« Stuhl und sagt ihm, wie er sich fühlt. Dann wechselt Philipp die Rollen und setzt sich auf den anderen Stuhl. Er spielt die Rolle seines Vaters und antwortet Philipp auf dem anderen Stuhl, wobei er Philipp sagt, wie er sich fühlt. Dann geht Philipp zurück zum ersten Stuhl und spricht selbst wieder mit seinem »Vater« auf dem leeren Stuhl. Jedesmal, wenn er die Rollen tauscht, versucht er, sich wirklich mit der Welt seines Vaters oder mit seiner eigenen Welt zu identifizieren. Er macht die Übung immer weiter, bis er das Gefühl hat, daß er die Rolle des anderen wirklich erfaßt hat.

Wenn jemand anders in der Familie das Gefühl hat, daß der Angelegenheit noch intensiver nachgegangen werden muß, dann kann er Philipp darum bitten, weiterzumachen und ihn mit einigen Fragen provozieren. Diese Übung ist für alle ganz hervorragend – Mann, Frau, sogar schon für Kinder im Alter von vier oder fünf Jahren.

Für die, die gern tiefer in die Sache eindringen möchten, können wir eine einfache Psychodrama-Übung machen. Wir nehmen eine wirkliche Problemszene aus dem Leben, etwa den letzten ungelösten Familienstreit oder irgend eine Situation, die jemandem auf dem Magen liegt. Wer das Problem hat, spielt sich selbst, aber alle anderen machen einen Rollentausch. Wenn beispielsweise Mutter einen großen Streit mit ihrer zwölfjährigen Tochter Jane hat, dann spielt Mutter sich selbst und die neunjährige Tochter Karen oder der fünfzehnjährige Sohn Tom spielen, so gut sie können, Jane. Jane und die anderen schauen zu. Wenn einer der Zuschauer irgend etwas sieht, was Mutter oder der Person, die Jane spielt, entgangen ist, dann stellt er sich hinter die jeweilige Person und spielt wie ein Double seine Rolle. Er bringt das, was nach seiner Meinung eigentlich vor sich geht, zur Sprache.

Ein anderes Rollentausch-Psychodrama geht so: Die ganze Familie spielt unterschiedliche Rollen und wechselt einander in schwierigen Situationen ab; so können wir sehen, wie jeder andere in unserer Familie uns wahrnimmt. Wenn es vorbei ist, dann teilen wir einander mit, welche Gefühle der andere in uns hervorgerufen hat. Was hat uns überrascht? Was schien den Nagel auf den Kopf zu treffen? Was war überhaupt nicht zutreffend? Wie sehen andere die Angelegenheit?

1. Hebeübung. Einer sitzt auf einem Stuhl. Vier andere stehen um ihn herum. Sie versuchen jetzt, ihn allein mit ihren Zeigefingern hochzuheben. Einer legt seine Zeigefinger unter die eine Achsel, einer unter die andere; einer legt seine beiden Zeigefinger unter ein Knie und der vierte legt seine Zeigefinger unter das andere Knie. Alle gemeinsam heben ihn jetzt hoch. Wird der Sitzende tatsächlich in die Luft gehoben? Dann legen alle schichtweise ihre Hände über den Kopf dessen, der im Stuhl sitzt, aber sie achten darauf, daß die Hände einander nicht berühren. Sie ziehen alle Energie in ihre Hände herein, fühlen, wie die Energie hereinströmt und saugen sie auf. Dann, während sie 1 ... 2 ... 3 ... zählen, bewegt jeder seine Finger dorthin, wo sie vorher waren. 1 ... 2 ... 3 ... Finger an die richtige Stelle und hoch gehts. – Jetzt ist es ganz leicht.

2. Kämpfchen. Jeder steht allein im Zimmer und spürt seinen Körper. Wir beginnen mit dem Kopf und bewegen uns dann weiter bis hinunter zu den Zehen, wobei wir jede Stelle unseres Körpers leicht reiben und klopfen. Dann inszenieren wir spontan ein lustiges Stolperspiel, wobei wir darauf achten, den kleinen, zarteren Mitspielern – aber natürlich auch den großen zarten Mitspielern – nicht wehzutun. Springt munter umher und lacht oder kichert, kitzelt und umarmt einander. Massiert euch gegenseitig den Rücken und berührt eure Gesichter. Alles das muß sehr liebevoll geschehen.

3. Fünf Sinne. *Berührungsübung.* Die Hälfte der Mitspieler trägt Augenbinden, die andere Hälfte nicht. Führt den Partner mit den verbundenen Augen barfuß draußen herum; den anderen nicht. Führt ihn so, daß er verschiedene Pflanzen und natürliche Gegenstände

berührt – Schlamm, Gras, die Borke eines Baumes, ein
samtenes Blütenblatt und dergleichen. Ihr müßt natürlich aufpassen, daß der »Blinde« nicht auf irgend etwas
Scharfes tritt oder über etwas stolpert. Dies ist auch
eine Übung in Vertrauen. Der, der sehen kann, muß
sich deshalb für das Wohlergehen dessen, der die Augen verbunden hat, verantwortlich fühlen.

Geschmacksübung. Der mit den verbundenen Augen
sollte jetzt verschiedene Gewürze und verschiedene
Speisen probieren und sie identifizieren.

Geruchsübung. Jetzt wird der »Blinde« von seinem
Partner durch das Haus geführt; er soll alle die unterschiedlichen Gerüche beschreiben, die er wahrnimmt,
und sie identifizieren.

Geräuschübung. Der »Blinde« beschreibt jetzt alle die
unterschiedlichen Töne, die er im Laufe von fünf Minuten hören kann, jemand anderem, der sie auf-
schreibt. Paßt auf, daß ihr nicht mit anderen zusam-
mentrefft, die die gleiche Übung machen.

Sehübung. Nimm die Augenbinde ab und schau dich
um in dem Raum, in dem du gerade bist. Versuch, jedes
Detail wahrzunehmen. Geh in einen anderen Raum
und schreib alles auf, woran du dich erinnern kannst,
jede Einzelheit. Oder, wenn du noch nicht schreiben
kannst, dann nenn jemand anderem alles, woran du
dich erinnern kannst – und der schreibt es dann für
dich auf.

4. Nahrungs-Bewußtheit. Nehmt zusammen eine Mahl-
   zeit ein, bei der jeder den anderen füttert. Es sollten
   keine Löffel, Messer oder Gabeln benutzt werden –
   nur die Finger. Jeder, vom Baby zum Erwachsenen,
   füttert jemand anderen. Rückt nahe genug zueinander,
   damit so wenig wie möglich gekleckert wird – oder
   veranstaltet draußen ein lustiges Picknick.

5. Bewegung zu Musik. Macht Musik an: Jeder beginnt
   zu tanzen, zu hüpfen, zu fliegen, zu springen – was

auch immer; man muß sich einfach nur zu der Musik bewegen. Schließt euch einem Partner an, wechselt die Partner oder tanzt allein – so, wie ihr es selbst möchtet. Probiert verschiedene Musik aus, Rock, Blues, Jazz, klassische Musik und so weiter.

6. Kunst und Kunsthandwerk. Jede Form von künstlerischem Ausdruck ist ein gutes Ventil für Energien. Energien, die wir während der Meditation in uns aufnehmen, brauchen kreative Ausdrucksmöglichkeiten, damit wir sie wieder loswerden, genauso, wie wir die Nahrung, die wir essen, nach dem Verdauen wieder loswerden müssen. Kunst und Kunsthandwerk helfen uns dabei, Energie zu erden und verschiedene Ebenen, etwa die imaginative und die physikalische Ebene, zusammenzubringen. Sich in der Familie gemeinsam künstlerisch zu betätigen, bringt großen Spaß. Breitet beispielsweise einmal ein großes Stück Einwickelpapier oder Zeitung aus und malt darauf ein Familienbild oder macht eine Familiencollage. Macht zuvor eine Meditationsübung und versucht, weiterhin auf das Zentrum eingestimmt zu bleiben, während ihr euch künstlerisch betätigt. Euer Kunstwerk wird dann zu einer »Meditation in Aktion«.

Nachwort

Nachdem wir dieses Stück gemeinsamer Reise zurückgelegt haben, wissen wir jetzt, was wir tun müssen, um die tiefe Liebe und den tiefen Kontakt zu unseren Kindern herzustellen, nach denen sich die meisten Eltern so sehr sehnen. Wir haben ein Rezept an der Hand, mit dessen Hilfe wir die Familienbindungen enger knüpfen können. Der nächste Schritt besteht darin, immer wieder alle Meditationen und Übungen zu machen, uns an den Ergebnissen, die sie uns bringen, zu freuen und uns eigene, neue Versionen auszudenken. Wenn der Kuchen auf diese Weise richtig gebacken ist, dann wird er so köstlich werden, daß selbst die Götter sich daran erquicken könnten.

Denjenigen unter uns, die ihren Kindern die besten Möglichkeiten für ein reiches und erfüllendes Leben eröffnen und auch wirklich die Entwicklung durchmachen möchten, die in diesem Buch angeboten wird, werden diese Übungen gewiß zur Gewohnheit werden.

Deborah Rozman, Ph.D., ist auch die Autorin des Buches: *Meditating With Children: The Art of Concentration and Centering (Mit Kindern meditieren)* und die Mit-Autorin von *Exploring Inner Space: Awareness Games for All Ages* erschienen bei University of the Trees Press. Das sind neue Bewußtseinsbücher für Eltern, Lehrer und Teenager. Deborah Rozman hat sich viele Jahre lang mit Psychologie und der besonderen Beschaffenheit des Bewußtseins befaßt. Sie war Direktorin des Programms für Bewußtseinspsychologie an der University of the Trees, studierte an der University of Chicago, University of California in Santa Cruz und hat Workshops und in-service-

Trainingsprogramme überall im Land für viele öffentliche und private Schulen geleitet. Ebenso gab sie Kurse in transpersonaler Psychologie, kreativer Kommunikation, Zentrierung, Visualisierung und Meditation für alle Altersgruppen in öffentlichen Schulen in Kalifornien. Ihre Bücher wurden von Schulinspektoren und von kirchlichen Würdenträgern verschiedener Schulbezirke als wirkungsvolle Lernhilfen angesehen und gefördert.

Seit l987 hat sich Deborah Rozman auf eine neue Reise in noch lohnendere und immer tiefere Dimensionen des Lebens begeben. Sie hat dies in »Kapitel Null« beschrieben.

Glossar

Aura: Der Strahlenkranz um unseren Körper herum, der entsprechend unserer Bewußtseinsebene verschieden gefärbt ist. Wir können ihn erkennen, indem wir lernen, wie wir unser Sehen auf subtilere Lichtfrequenzen neu einstellen.

Zentrieren, in seine Mitte gehen: Die Kontaktaufnahme mit dem inneren Zentrum des Seins, dem Kern unserer Seele. Wenn wir uns zentrieren, in unsere Mitte gehen, sammeln wir unsere Energien und kommen zur Ruhe.

Kreative Vorstellungskraft: Die Ebene des Bewußtseins, die die kreativen Energien nutzt, um neue Erfahrungen zu sammeln. Auf dieser Ebene werden Wille und Vorstellung miteinander verbunden, und dann wird das innere Bild ins Leben hineinprojiziert.

Ego: Das Selbstgefühl, das uns sagt, daß wir vom Selbst des anderen und vom Weltraum getrennt sind. Der Teil des Selbst, der sagt: »Du bist dort drüben und getrennt von mir, und ich bin hier, in meinem Körper.«

Evolution: Das Wachsen der Intelligenz, durch das das Leben und das Bewußtsein zu seinem vollen Potential erwacht.

Filter: Die Persönlichkeitsschichten, die von Geburt an aufgebaut werden und die die direkte Wahrnehmung verschleiern und das helle Licht davon abhalten, rein und klar aus unserer Mitte heraus zu scheinen.

Karma: Ursache und Wirkung. Newtons Gesetz, daß jede Aktion eine entsprechende Reaktion hervorrufe, angewendet auf die menschlichen Handlungen und Gedanken. Es ist die Kette der Gedanken und Handlungen, die unsere zukünftigen Handlungen und deren Konsequenzen determiniert.

Kundalini: Die kreative Kraft des Bewußtseins, die dann geweckt wird, wenn die männlichen und weiblichen Energien im Rückenmarkskanal ganz genau im Gleichgewicht sind.

Mandala: Eine visuelle Hilfe für nicht-begriffliches Denken. Sie führt uns jenseits der normalen geistigen Prozesse; kann nur erfolgreich eingesetzt werden, wenn der Geist sich ganz fest auf einen Punkt konzentriert.

Mantra: Ein Wort oder eine Lautschöpfung, die beim Gebet oder bei der Meditation benutzt wird, um den Geist zu beruhigen. Ein Mantra wird auch eingesetzt, um uns gegen falsches Denken zu beschützen. Das Wort Mantra bedeutet im Sanskrit Geisteskraft.

Meditation: Eine Übung zum direkten Wahrnehmen der Weisheit.

Spiegeln: Uns selbst in der Welt reflektiert zu sehen und fähig zu sein, genau das zurückzuspiegeln, was jemand zu uns sagt, sowohl die Worte als auch deren Bedeutung.

Selbst: Ego oder Persönlichkeit. Identifikation mit unserer Persönlichkeit.

Selbst, wahres, echtes Selbst: Beim Hineingehen in die Quelle in unserem Zentrum erkennen wir, daß wir nicht nur unser Körper sind, sondern daß es etwas Wesentliches jenseits unserer Persönlichkeit gibt, was alle individuellen Selbst-Einheiten umfaßt.

Quelle: Das innere Zentrum, aus dem das Bewußtsein herausstrahlt. Kann während der Meditation als eine zentrale innere Sonne wahrgenommen und erfahren werden.

Singen oder Summen: Das Singen oder Summen von Urlauten – wie Ahhh oder Oooommmm – oder Mantras, um reiche Vibrationen und Resonanzen zu schaffen. Diese Resonanzen beruhigen den Geist.